ちくま新書

# 「反戦・脱原発リベラル」はなぜ敗北するのか

1168

浅羽通明
Asaba Michiaki

# 「反戦・脱原発リベラル」はなぜ敗北するのか【目次】

ゲーム」／リアルな原発と意味《キャラ》設定された原発／野間易通氏、小熊英二氏のバーチャル脳内勝利／SEALDsも「主権者」というバーチャルを語る／六〇年安保知識人たちのバーチャル脳内勝利／敗退を転進と言い換えた大本営発表に似て／源流は『共産主義者宣言』まで遡れるバーチャル勝利／バーチャルはいつの日かリアルとして出現するのか／「歴史的変動の予兆」「社会全体の変化」など誰にも検証できない／リベラルは「セカイ系」で「中二病」である／これが通ったら日本はおしまいだ！を繰り返すオオカミ少年／「民主主義は死んだ」と「また始めればいい」のおかしさ／脳内限定民主主義だから「死んで」も「また始まる」／前の戦いを「けろりと忘れ」また始めるという不毛／語るに落ちた牛田悦正氏のニーチェ「永劫回帰」の比喩／精神的リラックスにしかならない「ならば、もう一度！」／「言い続けることに意義がある」は本当か／「宗教」と区別がつかない日本の反体制運動／ここが微妙だよ、丸山眞男――「「である」ことと「する」こと」のおかしさ／デモをするの「する」は宗教儀礼の「する」⁉／民主主義を「である」思考で捉えてしまうSEALDs／「文化としてのデモ」と「楽しければよい」という開き直り／デモで原発が止まったとは言ってない小熊英二氏／表現文化としての評価にデモは耐えうるか――東大も難関だが芸大も難関／限界芸術としての「デモ」はコミケに勝てるか／リア充かデモ充か――快楽の次元に上

# プロローグ

――二〇一五年の秋、川内《せんだい》原発が再稼働を始め、高浜、伊方《いかた》原発がこれに続くようです。福島第一原発の事故以後、（一時期の大飯《おおい》原発を例外として）続いてきた原発全停止という状況も今や終わりを告げつつあります。

また、昨年の秋口、集団的自衛権の行使などを認めた安保関連法を成立させた安倍政権の支持率はさほど下がらず、今では漸次回復してきました。

あの3・11以降、高円寺や新宿を何万もの人々で埋めたデモ（二〇一一年）、毎週金曜夜の恒例となりピーク時で二〇万人が参加した首相官邸前デモ（二〇一二年）、代々木公園、日比谷公園などでの大規模集会など、歴史的な盛り上がりを見せた脱原発の訴え。

あるいは、二〇一五年の初夏から秋にかけて、安倍政権が可決へ持ちこもうとする安保関連法案反対を叫ぶ最大で一二万人というデモが国会を囲み、リベラルと呼ばれる多くの知識人・文化人も、朝日新聞などのメディアも、こうした動きを支持し、盛んに報道しました。

それなのになぜ、彼らリベラル勢力は、安倍政権に勝てなかったのでしょうか。

**浅羽**　じつに端的な疑問ですね。

私はここ数年、いま言われたような脱原発・反安保関連法の動きを、たいへん興味深いものと考え、メディアの報道を追いかけていました。

しかしそこで得たのは、**「これは勝てないな」**という感触だった。盛り上がりを見せてはいるが、そこまでではないかと。

――それはなぜでしょうか。

**浅羽**　まずですね、**原発を再稼働させ、安保関連法を成立させようとする安倍政権に撤回を迫れるだけの決定的なカードを、リベラルの側が何も持っていない。**そう見えたからです。

たしかにデモや集会には、二〇万人とか一二万人とかいわれる（主催者発表ですが）参加者が集まった。近年稀な数です。しかし、それで安倍政権が政策を考え直すかというとそれはない。

野田元首相がまだ政権を担当していた二〇一二年、脱原発デモの叫びを「大きな音だね」と言い捨てた件はよく知られています。二〇一五年八月三〇日の安保関連法反対デモについて、大阪市長を務めていた橋下徹氏は、「日本の有権者数は一億人。国会前のデモはそのうちの何パーセントなんだ？　ほぼ数字にならないくらいだろう」とか「たったあれだけの人数で国家の意志が決まるなんて民主主義の否定だ」とツイッターで冷笑しました。[1]

脱原発を主張し、安保関連法にも反対を表明するマンガ家小林よしのり氏も、デモの盛り上がりに関しては、

「安倍は何とも思ってないと思うんだよね」と、茂木健一郎氏との対談で一蹴しています。[2]

脱原発を掲げて国会議員となった役者の山本太郎氏も、二〇一一年九月一九日、明治公園で六万人を集めた集会で、

「デモをしてもちょっと目障りと思われるだけだ」と、すでに否定的な発言をしている。[3]

**ちょっと目障りなだけで何とも思われないのが嫌ならば、いわゆるリベラルは、そんな野田、安倍政権も無視できなくなる次のカードを切ってみせる必要がある。**

しかし、それは私が知るかぎりなかった。もしかすると、その必要すら考えられていなかったのではないかと考えられます。

1——二〇一五年九月五日付「朝日新聞」。
2——「週刊ポスト」二〇一五年九月二五日・一〇月二日号。
3——二〇一一年九月二五日付「朝日新聞」朝刊。

以上が、「勝てない」第一の理由です。

**——ということは第二の理由もあるのですね。**

**浅羽**　当然あります。

次の理由は、脱原発であれ反安保法であれ、いわゆるリベラルの人々の発言には、この人はほんとうに勝ちたいと思っているのかと思わせるものが少なくなかったことです。

たとえば、二〇一一年九月一一日、新宿で行われた脱原発デモでは、思想家・柄谷行人氏がこうアピールし、YouTubeでも拡がりました。いわく、

「デモで社会は確実に変えられます。なぜならデモをすることで、デモをする社会をつくれるからです」と。

たしかにその通りでしょう。しかし、デモや集会へ参加した人のほとんどは、原発をなくしたいから集まり、声を上げたのではないですか。社会を変えるため、デモをする社会をつくるためではないでしょう。少なくとも第一の目的は。

脱原発のデモへずっと伴走しながらさまざまな発言をしてきた社会学者の小熊英二教授は、「デモをやるにしてもちゃんと目標を定めて効果測定してやっていかないと意味がないんじゃないですか」と若手論客・古市憲寿氏に問われて、「効果測定なんかしたら楽しくないから意味がない」[4]と答えたそうです。原発政策へどれほどの影響を与えられたかと

いう効果測定よりも、楽しいかどうかが大事。そう取られてもしかたない発言でしょう。安保関連法反対に関しても、二〇一五年八月三〇日の大規模デモの夜、ドキュメンタリー映画監督・想田和弘氏は「完全勝利です」とツイッターで呟いていました。「もちろん（中略）戦争法案審議にどれだけの影響力を及ぼすのかは未知数」だが、「これだけの規模のデモを無事に行うことができたこと。そのこと自体が快挙」であると。

国会前へ集まった万単位の人々は、安保関連法成立を阻止したいのであって、大規模なデモを無事に行うのが目的だったわけではないはずです。

目的と手段がいつのまにか転倒している。これでは、本来の目的だったはずの脱原発や安保関連法阻止をどれだけ本気で考えているのか疑います。のみならず、本来の目的でデモへ参加した人たちをずいぶんとバカにした話ではないでしょうか。

これが「勝てない」第二の理由です。

**——理由は以上の二つですか。**

**浅羽**　いや、まだまだありますが、とりあえずあと一つ挙げておきましょうか。

それは、彼らのアピールが、安倍自公政権へ投票しているだろう層を納得させるだけの

4——『社会の抜け道』小学館、一〇七頁。

リアリティに乏しいものばかりだという理由です。

たとえば脱原発を訴えるとき、「**命より大切なものはない**」という常套句がしばしば使われました。経済的な理由で原発推進を説く立場へ、いやカネより命だろうというわけです。

あるいは安保関連法反対では、「**あの戦争を繰り返すな**」という、これまた耳にタコができるくらい聴かされてきた常套句が繰り返されました。

自公政権を支えている生活者たちの実感からずいぶんかけはなれたこれらのアピールを、バカのひとつ覚えのテープレコーダーみたいに唱え続けているかぎり、いわゆるリベラルの支持層は広がらないでしょう。

これが第三の理由です。

主なところでは、だいたい以上の三つが、脱原発・反安保関連法を訴えるいわゆるリベラルが安倍自公政権に勝てない理由だといえましょう。

――いまの三つがなぜ脱原発や反戦を唱えるリベラル勢力が勝てない理由となるのか、まだよくわかりません。

というか、幾つも疑問が湧いてきます。

**浅羽** なるほど。では、それぞれについて詳しく論じてみましょうか。疑問を感じた点は遠慮なく突っこんでください。

まず、第一章で、第一の理由を考えます。第二、第三の理由はそれぞれ第二章と第三章を当てましょう。

第一章

# リアル

## ——実力は実力を伴う行動によってしか倒せない

「批判という武器はしかし、武器による批判の代わりになることはできない。物理的な力は物理的な力によって転覆しなければならない」――マルクス「ヘーゲル法哲学批判序説」（『マルクス・コレクションI』筑摩書房、三島憲一訳）

「もの申すことが武器だなんて気取ってないで、武器にものを言わせろよ。なぜって実力は、実力によってしか打倒できないんだぜ」（超訳）

## †デモとは示威行動――「威力」なければ「無力」

――第一の理由としてあなたは、万単位の人を集めてデモをしたくらいでは、政権の側は痛くもかゆくもないと指摘されました。そして、それはデモをする側が次のカードを切れないかぎり変わらないのだと。

それでは、何がそのカードとなるのでしょうか。

**浅羽**　デモンストレーションは、「示威運動」と訳されますね。すなわち「威力」を「示す」わけですよ。「多くの人々が公然と意思を表示し、威力を示すこと」と『広辞苑』は定義しています。

脱原発や安保関連法反対という意思の表示だけなら、議員や大臣へ手紙を出して陳情することも、新聞などへ投書することもできる。いや、あなたがそんなことをする以前に、マスメディアでは珍しくもない意見ですから、政権側だってとっくに知っているでしょう。

しかし、知って、なるほどそうかと、その意思・意見を政策として採用し、実行してくれるならば世話はないですが、そうではない。そうではないからこそ、そこで「威力」を背景として、採用・実行を促す必要が生じてくるわけですね。

冒頭に引用したマルクスの言葉は、この事情を簡潔に述べたものです。原発は危険で将来性がないから全廃にしろとか集団的自衛権行使容認を伴う安保関連法採決は立憲主義に反するから廃案にしろとかいうのは皆、「批判」でしょう。「理屈」です。正しいのかもしれないけど、政府に相手にされなければそれまでです。

それを聞きいれさせるため、ただの「批判」「理屈」「もの言い」を威力で後押しするというやり方が採られる。

早い話が**言うことを聞かないと次は怖いぞと脅す**わけです。

ですから、脱原発も安保関連法反対も、結局、聞きいれさせられなかったのは、デモその他だけでは「威力」つまり「威《おど》す力」としていまいちだった。「実力」が足りなかったということでしょう。

## バカで人間じゃない安倍へ立憲主義を説く矛盾

――言論の力というのは幻想で、しょせんは無力だとおっしゃる?

**浅羽**　すべてがそうだとまでは言いません。

しかし、そうである可能性を常に想定しておかなくては、勝てないと言いたいのです。

安保関連法反対のデモを例にとります。

デモを批判する保守系の産経新聞が二〇一五年九月二日、反対デモがピークを迎えた直後に載せた石平《せきへい》氏のコラムでは、デモや集会で吐かれた安倍晋三首相への罵倒が集められています。山口二郎法政大教授の「おまえは人間じゃない」、宮崎駿監督の「愚劣」、広渡清吾専修大教授の「バカか嘘つきか」、話題の学生団体SEALDs中核メンバー奥田愛基《あき》氏の「バカか、お前は」などです（奥田氏はこの発言を否定していますが[1]）。

石平氏は、これらをリベラルの名にもとる個人攻撃、言葉の暴力だと非難するのですが、私はそうは考えない。闘いなんだから、痛烈な批判はいくらでもやってかまわない。

かまわなくないのは、そんな罵倒を投げつける側の人々が、「立憲主義を守れ」とか、「民主主義ってこれだ」といった訴えを、安倍政権へ聞かせようと叫んでいるところです。

だってバカなんでしょ？　愚劣なんでしょ？　だったら、「立憲主義」だとか「民主主義」だとか、そんな高尚なお話が通じるわけないじゃありませんか（笑）。

これは、さんざん愚劣だバカだ嘘つきだ死ねと罵倒しておきながら、本当はそう思ってなくて、どこかで安倍政権に甘えているに等しいです。

「とうちゃんなんか嫌いだっ、死んじゃえ」とだだこねて小遣いをせびるガキですね。

二〇一五年八月三〇日、ピークに達した安保関連法反対デモを詳細に報じた翌日付「東

1――『2015年安保　国会の内と外で』岩波書店、六七頁。

京新聞」朝刊によると、主催者が参加者数一二万人と発表したうえで、「安倍政権に絶対にこの声は届くはず」と語ってデモの人々から歓声がわき起こったそうです。

そんなの願望でしかない。甘えです。相手はなにしろ「人間じゃない」んですから(笑)。言葉が届くなんて、なに甘い期待を抱いてるんでしょうか。

反貧困の取り組みで民主党政権へ参加していた法政大学教授・湯浅誠氏は、安倍政権を、脱原発デモを無視せずメンバーと会見してその影響で原発ゼロへ舵をとった野田佳彦首相と比較して、「デモは大切な意思表示だ。耳を閉ざさず「対話のドアは常に開かれている」という懐の深さを示してほしい」と、二〇一五年九月一九日付「朝日新聞」朝刊で語っていました。ここで「懐の深さ」を、そして原発政策や安保法案への反省と改心を期待するのはやはり甘えでしょう。

しかし、「人間じゃない」らしい「愚劣」で「バカ」で「嘘つき」な政治家に、そんな反省と改心なんか期待できるのでしょうか。

そんな甘い期待は最初から抱かず、実力は実力によってしか倒せないのだと肝に銘じていただきたいですよね。本当に脱原発とか安保関連法廃棄とかを実現したいのならば。マジで安倍政権に勝ちたいのならば。

**——湯浅氏は、安倍は人間じゃないとかバカだとかいってないと思いますがね(笑)。**

って、ちょっと待ってください。脱原発デモは、野田政権の原発ゼロへの舵きりへ影響を与えたのですか。それならば、野田首相のような「懐の深い」相手だったら、デモは充分、効果を発揮しているではありませんか。

**浅羽**　あの事例はたしかに貴重で重要です。

しかし、デモの代表と会見しその影響をうけたというのは、私は野田首相の懐の深さゆえだなどと考えるべきでないと考えます。もっと客観的な背景がある。そう捉えるべきなのです。

これは、この章後段の大きなテーマですので、そこで詳論しましょう（七四‐七六頁）。

ともあれいまは、「懐が深い」とはほど遠いらしい安倍政権が相手なのですし。

## †「威す」には「力」が必要――西郷隆盛の「軍事力による訊問《デモンストレーション》」

――だったらどうすれば、そんな安倍政権へ「意思」をのませるだけの「威力」が持てるのでしようか。

金曜夜の官邸前脱原発デモはピーク時で二〇万人、安保関連法反対国会前デモのピークは一二万人とされています。これが三〇万、四〇万となり、一〇〇万とかまで達したら、それだけの「威力」となったのですか。

**浅羽**　わかりません。なったかもしれない。

しかし、問題は人数ではないように思われます。

このデモの訴えるところを聴かなかったら、次はデモどころではないと政権に予感させるだけの何かを背後に隠している。それが「力」で「威《おど》す」「痛くもかゆくもある」デモでしょう。

あえて極端な例を出しましょうか。

日本最後の内戦とされる西南の役。西郷隆盛は、軍隊を率いて鹿児島を出、東京の新政府へ向かいますが、彼としては初めから戦争をするつもりではなかった。直前に発覚した政府の西郷暗殺計画その他について、政府を「訊問」しようと上京を図ったのです。

しかし、政府がそんな訊問に応じてくれるわけがない。だから、もしスルーしたら怖いぞと、薩摩の精鋭軍とともに東京へ向かったのです。そういえば彼の旧主君島津久光が、公武合体運動推進のため上洛した際も、一〇〇〇名の武装士兵を連れてでした。まさしく「示威」により批判や政策進言を届かせようとした。これぞ近代日本最初のデモンストレーションです。

――いきなり凄い例が出てきましたね(笑)。西郷さんも結局、負けてるし。

しかし、現代のデモを鹿児島私学校の兵や薩摩藩兵で武装させるわけにも行かないでしょう。

具体的には現在、武力ならぬ何を背にして威せばよいのでしょうか。

**浅羽**　では、またひとつ歴史上の例を挙げてみましょう。

日本の近代史にも、国民の示威運動で政策が阻止され政権が倒れ、大きな変動がもたらされた実例はあります。

### †二年連続して内閣を退陣させた大正のデモ

**浅羽**　大正政変といわれるものです。

明治中期、自由民権運動の成果で大日本帝国憲法が作られ議会が生まれましたが、総理大臣や内閣を衆議院の多数派から選ぶ議院内閣制ではありませんでした。天皇が選ぶという建前のもと、伊藤博文など明治維新の元勲とかその後輩である長州閥の官僚などが交代で組閣していた。いわゆる藩閥政治です。

大正元年の暮れもおし迫った一二月二一日、強権的な長州閥で陸軍系の桂太郎が首相となり、陸軍二個師団分の軍事費増強をごり押ししようとした。こうした横暴に辟易していた野党ほかは「閥族打破、憲政擁護」をスローガンに大反対運動を展開します。

この年の暮れ、反対集会は有志三〇〇〇人を集めて会場の歌舞伎座を満杯とし、あふれた群衆で都電が止まった。この動きは次第に広がり、翌年二月一〇日、衆議院は数万のデモに囲まれます。

この「威力」に圧倒されて桂内閣は五〇日で退陣を余儀なくされ、軍備増強は取りやめとなり、海軍薩摩系で穏健派の山本権兵衛内閣が、閣僚に衆議院の政党政治家を起用するかたちで誕生します。

「第一次護憲運動」と呼ばれる政変ですね。

しかも、ちょうど一年後これと同じことがまた起こります。

今度は山本新内閣の高官や海軍幹部が軍艦建造がらみでドイツやイギリスの企業から賄賂を受け取っていたことが発覚、野党や国民から大反発をくらう。シーメンス事件といわれる大疑獄です。

二月一〇日、日比谷公園での内閣弾劾国民大会へ集まった数万の群衆は議会を包囲した後、二日にわたり暴れました。

野党や反対派官僚も勢いづいた結果、予算は不成立、山本内閣は翌月退陣します。二年連続で群衆デモが内閣を倒したのです。

この後、巻き返しはありますが、気にいらない政権は大勢で議会へ押しかければ倒せるかもしれないという感触は、平民宰相・原敬の政党内閣、米騒動、大正デモクラシーから政党政治、男子普通選挙制実現への流れを促進したといえるでしょう。

## †大正初期のデモはなぜ勝利できたのか

——なるほど。それでは、大正政変を実現したデモと、脱原発も安保関連法阻止も実現できず、安倍政権を揺さぶれないような平成のデモはどこが違うのでしょうか。参加者の数は、数万人ですから、同じくらいですよね。

**浅羽**　脱原発・反安保関連法であれ、藩閥政治打倒・二個師団増強反対であれ、矢面に立つ政権の側から考えてみましょう。

大正時代の護憲運動を大きく後押ししたデモは、騎馬警官や軍隊の出動で弾圧されました。死傷者も出ており、銃撃戦で射殺されたり、警察のサーベルで惨殺された者もいたといわれます。

無理もありません。デモをする側も、政府支持派の新聞社や東京市中の交番を焼き打ちにしています。**デモはそのまま暴動だった**のです。

大正政変のほんの七年まえ、日比谷焼打ち事件が起きています。日露戦争大勝利と聞いていたのに賠償金が全くとれなかったと知った群衆三万が、新聞社、警察署、交番、キリスト教会、民家、路面電車を打ちこわし、焼き払った大暴動でした。

桂太郎政権側は、当然この記憶があります。デモを放っておいたら、日比谷焼打ちをうわまわる数万人の暴動が東京を焼くかもしれません。東京の人口一〇〇万人の時代です。しかも騒ぎは、大阪、神戸、広島、京都へ次々と飛び火していった。そして、西日本のほうが激しかったそうです。

これには、桂太郎や山本権兵衛の政権も恐怖を覚えたのでしょう。内閣総辞職でもしなければとてもおさまらないなと。

明治末から大正へ到るこの時期、ほかにも市電値上げ反対などで暴動はしばしば起こっている。史学上、日比谷焼打ち事件から大正政変の四年後の米騒動(一九一八年)までを「都市民衆騒擾《そうじょう》期」と呼ぶほどです。

永井荷風のエッセイ「花火」には、そんな「デモがあった時代」の情景がみごとにスケッチされています。「火花」じゃなくて「花火」ですよ。「火花」はピース又吉。

### †ジャスミン革命は百年遅れた大正政変だった

――聞いていて「アラブの春」、チュニジアのジャスミン革命などを思い出しました。そんな時代がわが国にもあったのですね。

**浅羽**　ええ。ある意味、近いですね。どちらも二月ですし(笑)。

どちらも、近代国家建設を指導する強力な権力が必要ないわゆる開発独裁の時代から、経済や政治がいちおう安定した複数政党制と自由選挙の時代へとチェンジするに際して、広範な民衆デモの突きあげが旧勢力の退陣を促すというパターンですから。

　似ているのは、そうした歴史的意義だけではありません。デモの性質、事態の拡がり方も似ています。当初は局地的なデモが、全国へ飛び火してあらゆる職種・階層の人々を巻きこんでゆく。

　失うものなど何もないから、打ちこわしや放火もやる下層肉体労働者やヤクザもいたし、野党の政治家や新興の実業家、弁護士、まだエリートだった大学生なども加わっていた。

なにしろ、選挙も行われぬ独裁体制だったり、極端な制限選挙（大正初年の日本の有権者はほぼ五〇人に一人。大地主か相当な企業経営者のみ）だった時代です。言論出版の自由も不完全でした。

　今の先進自由諸国ならば、政党政治家として議場で、ジャーナリストとして言論で、また財界や業界というパイプを介したロビイングで政治家へ要求をインプットするだろう人々ですら、当時は決死のデモで押しかけるしかなかった。「奪はれたる言葉のかはりにおこなひをもて語らむとする」（「ココアのひと匙」石川啄木）ほかなかったのです。

　当然彼らは、現場での死傷も逮捕や入獄、拷問や長期幽閉、処刑だって覚悟してやってきた。実際、大正政変でも若干の死者、大量の負傷者・逮捕者が出ていますし、チュニジアでは少なくとも七〇名以上が殺されています。それを覚悟した数万人なのです。支配者側も、これはなんらかのかたちで訴えを飲まないわけにはいかないなとびびるんじゃないでしょうか。

大正政変の場合、びびった桂内閣、山本内閣は、このあたりでもう怖れをなして退陣します。

「アラブの春」、チュニジアのジャスミン革命の場合、まだ先があった。怖れを知らない独裁者ベンアリ大統領はびびらず、親衛隊的な治安部隊を投入し、デモ隊へ発砲するなど血の弾圧を加えました。しかし、火に油を注いだごとく、暴動は勢いを増すばかり。遂に戒厳令が敷かれ軍隊が出動します。

ところが、軍隊もいいかげん独裁者ベンアリに愛想が尽きていた。デモ隊など市民の殺傷を拒否します。すなわち、軍隊もまたデモ隊の側へついたのです。

ここに到って、大統領は譲歩と妥協へ転じ、それもかなわぬとわかって、とうとう国外へ亡命します。

### †独裁者打倒デモの成否を握る軍隊の寝返り

**浅羽**　デモが弾圧というかたちで徹底排除されたら、次には暴動というカードが控えている。これを弾圧すれば死傷者は双方に増えるから、怒りの連鎖で暴動が全国のさまざまな階層の人々を巻きこみ拡大してゆく。これだけでも相当な「威力」ですが、チュニジアの場合、「軍隊」という威力のなかの威力がこれに加わった。政権側の最後の弾圧力が暴動の側へ寝返ったのです。

冷戦が終わった一九八九年、ルーマニアの独裁者チャウシェスク政権が崩壊したときも、一九八六年、フィリピンでマルコス大統領の軍事独裁政権が打倒されたときも、民衆のデモ・暴動から始まった革命の勝利を決したのは、威力のなかの威力である軍部が革命側へついた時ですね。

ミャンマーでは先日、スーチー女史の党が選挙で圧勝しましたが、独裁体制が残存している国では選挙結果など無視されて終わる例も珍しくない。ミャンマーの場合でも、選挙結果が尊重されるか否かを懸念する国際世論は、軍部がどう出るかという一点を注視していましたね。どうやら軍部も結果をみとめたようですが。

――政権を倒し、独裁者を倒したデモは、次のカードとして「暴動」を、さらには「軍隊の寝返り」を有していたというわけですか。

ところで、脱原発以降のデモを担った人々は、チュニジアのジャスミン革命に始まる「アラブの春」を、3・11東日本大震災と福島第一原発事故の直前だったということもあり、かなり意識していたようですね。

たとえば、原発事故直後の数カ月間、高円寺、新宿で盛り上がったデモの中心となった「素人の乱」代表の松本哉《はじめ》氏は、「モデルは中東で起きた革命です。民衆が情報交換しながらグワーッと日常から出てくる感じ。高円寺以降のデモは似た動きですね」と二〇一一年六月一六日付「朝日新聞」朝刊で語っています。

その翌年、大飯原発再稼働を契機として参加者を急増させた毎金曜日の首相官邸前デモは、六月二二日金曜日、ある人のフェイスブックで「紫陽花革命」と命名された。これは、アラブの春の先陣をきったチュニジアの「ジャスミン革命」を意識していますね。

この時期のデモを主導した首都圏反原発連合の野間易通《やすみち》氏は、「抗議行動がツイッターをはじめとしたSNSで広がっていること、マスメディアがこれを黙殺していることも、多くの人にチュニジアの革命や「アラブの春」を連想させたはずだ」、「アラブ諸国の民衆革命や前年秋のニューヨークでのウォール・ストリート占拠運動と、この官邸前抗議は目的も性格も異なる。それでも民衆が直接動いて政治を動かそうとしているという点では、それらの動きは官邸前参加者にもずいぶんと意識されていたのではないか」と記してますが。[2]

**浅羽**　私はそれらを読んであまりいい気持ちがしなかった。ジャスミン革命ほか「アラブの春」で殺された犠牲者の遺族や負傷者・逮捕者らのまえで、政治的自由を謳歌してきた日本人が、「モデルは中東で起きた革命です」なんて言えますかね。恥を知ってほしい。

産経新聞の阿比留瑠比《あびるるい》記者が、二〇一五年九月三日付のコラムで「弾圧も粛清も絶対にされない環境でデモをすることが、そんなにもてはやすべきことなのか」と揶揄してました。記者の結論は、選挙制度で政治を変えられる日本なんだからデモなんかもてはやすなというごく普通なものでした。しかし、この一文は昨今話題のデモの弱点をずばり突いてましたね。

## †わずかな逮捕者で萎縮し収束した脱原発デモ

**浅羽** 実は、「弾圧も粛清も絶対にされない環境」とはいっても、東日本大震災から半年後の二〇一一年九月一一日、新宿で行われたデモでは、認可された隊列からはみだして交通規制の機動隊へ暴行を加えた等の理由で、一二人が公務執行妨害などで逮捕されています。

かなり強引な逮捕だったようで、数日後七人が釈放、残る五人も起訴猶予となった。

実際に逮捕された当事者はたまったものじゃなかったでしょうが、「アラブの春」や大

2――『金曜官邸前抗議』河出書房新社、一一三‐一一四頁。

正政変と比べたら、こんなもの弾圧のうちにも入らないでしょう。六〇年代の学生運動や成田空港反対のデモへ、ヤクザや機動隊が襲いかかっていた時代を知っている者には、交通規制に毛の生えた程度としか見えない。

ところが、小熊英二氏が監督したドキュメンタリー映画『首相官邸の前で』で、デモ主催者の一人が語っていましたが、震災による原発事故の一、二カ月後から、高円寺へ一万人以上を集めたデモを起点として新宿へと展開し、回数を重ねるたびに拡大していった初期のデモ（SNSによる拡散、サウンドデモや着ぐるみ、楽しいプラカード、おしゃれなフライヤーなどの「新しさ」でメディアへ知れ渡った）の盛り上がりは、この逮捕をきっかけとしていったん収束してしまったようなのです。

脱原発デモの再燃は、翌年の梅雨時、大飯原発再稼働をきっかけとして参加者が増加し始めた金曜日首相官邸前抗議という、高円寺―新宿とはかなり性格が違うデモが盛り上がるまで半年以上、待たなくてはならなかった。

これって、どうなんでしょうか。

## †「非暴力」は「非力」「無力」とは違う

**浅羽**　私は、どうであれ、その逮捕が不当弾圧する権力への怒りに火をつけてさらにデモがエスカレートするどころか、それがハードルとなって収束へ向かってしまった事実に注目します。

逮捕者を出さないようにという努力は、野間易通氏の著書『金曜官邸前抗議』でも詳述されてました。

それがいかに細心になされているか、組織的なものではないゆえ自然発生的に万単位へ膨脹してゆくデモで、車道への決壊や逮捕といったアクシデントがないよう図ることがいかに至難かが、事実に即して記述されてます。

『紙の爆弾』誌別冊の脱原発特集では、安保関連法反対デモで若い世代を集めて話題となったSEALDsの学生代表奥田愛基氏が、逮捕されるような挑発的デモをやりたがる過激派系の合流を過剰なまでに警戒しているのを語っていました。[3]

これらの細心の努力や厳しい警戒意識自体は、もちろん必要なものです。そうしたしっかりした統制や抑止力、倫理性は、敵権力から見ても、けっこう怖いのではないかと思います。

しかし現在はその努力がもっぱら逮捕を怖れる方向で行われている。

3――『NO NUKES Voice vol.06』(『紙の爆弾』二〇一五年一二月号増刊)。

逮捕者が出ることにより、ようやく盛り上がってきた運動が、一気にしぼむのを怖れる方向だけでね。

結局、一連のデモ等は、その程度だった。多少の逮捕者が出ても、これこそは政権側が怯《おび》えはじめた兆候だ、デモが効を奏した証しだと奮いたって、「不当弾圧された逮捕者を救え」「さらなる怒りを燃やせ」とより多くの国民を巻きこんで拡がり盛り上がってゆく、チュニジアなどのようなものではなかったのです。

「へたれ」と「非暴力」は違いますよ。暴動もやればできるし、暴力的弾圧や逮捕拷問も怖れない。でもこちらからは非暴力を貫く。これが非暴力であり、カンジーなどもこちらです。それまで、インド独立運動はテロも暴動もやっていた。**「できるけど、やらない」が非暴力。ただ「できない」のは「へたれ」とか「非力」もしくは「無力」というのです**（『金曜官邸前抗議』の一三五 - 一三六頁には、この問題についての深い考察があります。一〇一 - 一〇二頁も重要）。

権力の側からすれば、ああ一〇名ほどをちょいと逮捕してみせれば、もうびびりまくって蜘蛛の子のように散ってゆく程度の抗議でしかないのだなと判断したでしょうね。

しかし、それくらいのことは、逮捕者を出すまえから、基本的にわかっていたことです。

なぜって、昨今のデモを好意的に報道する朝日新聞やテレビ朝日の「報道ステーション」、毎日新聞、東京新聞などは決まって、デモ参加の「敷居の低さ」を強調していたのですから。

### †リベラル・メディア第一の愚──楽しいデモを讃える不可解

**浅羽**　たとえば、脱原発デモの「軽いノリでもっと簡単に、やっていい」[4]「お祭り騒ぎでいい」[5]「楽しい感じ」[6]や、安保関連法反対デモが、インターネットの動画共有サイトで視たアメリカのオキュパイ・ウォールストリート・デモのコールに倣《なら》った「圧倒的にかっこいいデモ」[7]であり、「かつての暴力的なイメージは弱まり」「参加への抵抗感が薄まった」[8]といったところへスポットライトを当てていました。

初期の脱原発デモが高円寺や新宿で盛り上がって以降特徴的となる、ドラムのリズムに乗せたラップ調の掛け声がリズミカルで着ぐるみやコスプレが混じるパレード風なサウン

4──松本哉氏。二〇一一年一二月二一日付「朝日新聞」朝刊。
5──同氏。二〇一一年六月一六日付「朝日新聞」朝刊。
6──演劇評論家、高橋宏幸氏。二〇一二年七月四日付「毎日新聞」夕刊。
7──元山仁士郎氏。二〇一五年九月二九日付「朝日新聞」朝刊。
8──五野井郁夫高千穂大学准教授。二〇一五年九月一六日付「日本経済新聞」夕刊。

ドデモ、書体がフレンドリーでセンスのいいカラフルなプラカードや、ＳＮＳなどインターネットによる呼びかけ（ここだけは「アラブの春」と共通）なども、いま風な敷居の低さを強調する報道ですね。

安保関連法成立直後、二〇一五年九月二四日付「朝日新聞」の論壇時評で高橋源一郎氏は、六〇年と七〇年の安保反対運動と今回の違いとして、「徹底した非暴力」を挙げています。

そして、その対極というべき、昭和以来のデモのイメージ、すなわち、ヘルメットやゲバ棒で武装した過激派学生や日当つきで動員された労組のおっさんが肩を組む、「重いイメージで、まじめにシュプレヒコールをやって」[9]、「攻撃性が強すぎる」「ゴシック文字の看板」[10]、「暴力的なイメージ」[11]が強く、「我々はー」という六〇年代の声色で（指導者がなり）引っ張ろうとするデモでは、「参加に迷う人を逃がしてしまう」[12]のだと、リベラル系のメディアは平成の新しいデモの意義を訴えてきたのです。

実際、二〇一二年の梅雨から夏にかけて、首相官邸前金曜夜のいわゆるデモを主導した野間易通氏は、多くのグループが「デモに対するマイナス・イメージ――つまり暴力的であるとか左翼的であるとか、そうした漠然とした忌避感や偏見をなんとか払拭」して、「参加の敷居を下げるための並々ならぬ努力を重ねていた」と、『金曜官邸前抗議』で書いてます。

結果的には、殺風景な官庁街の歩道を満員電車のごとき密度の人が黙々と歩くだけの首相官邸前金曜抗議（法的にはデモに該当しないため、主催者側は右のように「首相官邸前抗議」と呼ぶ）のほうが人が増え続け、ついに二〇万人へ達しました。

### †敷居を低くしなければ人を集められなかったデモ

**浅羽**　まあいずれにしろ、**参加のハードルをできるだけ低くしたから、ようやく集まった人々だった**ということに変わりはありません。

これでは、じき釈放された逮捕者がわずかに出ただけで、勢いがしぼんでしまうのも無理はないでしょう。

いま風のデモの、気楽に参加できて明るく楽しくかっこいい、徹底して非暴力を貫き、

9――松本哉氏。二〇一一年六月一六日付「朝日新聞」朝刊。
10――二〇一二年二月八日付「毎日新聞」。
11――五野井郁夫准教授。二〇一五年九月一六日付「日本経済新聞」夕刊。
12――二〇一二年七月四日付「毎日新聞」夕刊。

逮捕されたりは絶対しない、要するに「敷居の低さ」をはしゃいで報道していた朝日新聞ほかのリベラル系メディアは、自分たちの陣営がいかに脆弱かをあけっぴろげにしたのです。ごていねいにも。

ですから私は、以下のような記事を読むと苦笑するほかない。

「デモに参加するに要するエネルギーは大変なもの。とすれば、参加者一人の背後には、同じ想いの人が100人はいると考えるべきです。10万人のデモの後ろには1000万人がいるんです[13]」

だとか、

「参加するには勇気も時間も必要。私も夫に怒られて、何度もやめようと思った。参加者12万人の後ろにいる人への想像力を持ってほしい[14]」

とか、

「デモの背後にどれだけの人が、自宅で、会社で同じ思いを持っているのか。我々の見かたはあまりに表層的ではなかったか」

「高校生や俳優、元裁判官ら勇を鼓し、しがらみを排して声をあげた人の何と多かったことか[15]」

こうした発言を読むと、です。

最初の発言は、脱原発デモを語った柄谷行人氏のもの。次が、安保関連法反対デモへ参加した厚木市の五六歳の主婦が、デモを「たったあれだけ」とツイートした橋下徹市長（当時）へ表した怒りを報じたもの。その次は、二〇一五年九月一九日付「朝日新聞」朝刊が拾った、ベテラン議員の反省の言です。最後は、朝日新聞の特別編集委員・山中季広氏が、安保関連法についての世論調査発表記事に付した「安保とデモ、刻まれた主権者意識」という論説からです。

**†リベラル・メディア第二の愚——デモをめぐる二枚舌について**

**浅羽**　明るく楽しくてかっこよくて、ごく普通の人でも気軽に参加しやすくなった昨今の非暴力デモの敷居の低さを希望をこめて報じていたメディアが、その舌の根も乾かぬうちに、「大変なエネルギー」、「勇気も時間も必要」、「勇を鼓し、しがらみを排して」などと、今度はデモの敷居の高さを懸命に強調し、それを乗り越えた参加者を特別扱いしている。

13——二〇一一年一一月四日付「毎日新聞」夕刊。
14——二〇一五年九月五日付「朝日新聞」朝刊。
15——二〇一五年九月二一日付「朝日新聞」朝刊。

たしかに、デモに参加しない原発反対者は多くいるでしょうが、これだけ敷居が低くなっても来ないということは、反対を訴えたい熱意のほどもまあその程度でしかない、いわば希薄な人々だともいえてしまうのですよ。

――しかし、従来のままの敷居の高いデモだったら、脱原発デモの高円寺や新宿、あるいは首相官邸前にせよ、安保関連法反対デモの国会前にせよ、万単位の人々は集められなかったでしょう。朝日などリベラル系のメディアは、普通の市民をあれだけ参加させたデモの新しさにこそ、希望を見たのではないですか。

**浅羽**　でしょうね。しかし、外延が広がると内包は希薄になるといわれます。

人数の多さもたしかに威力ではありますが、増えた分、中味はぐっと薄まったというのでは、政府を怖れさせる威力としては、あんまり期待できそうもないでしょう。

――しかし、現在の日本は軍事独裁体制ではなく、チュニジアなど「アラブの春」の国々とは異なりますよ。大正政変からも一〇〇年以上が経っています。

逮捕者が出るくらいハードルが上がったら萎縮してしまうのだから、脱原発・反安保関連法制の熱意もさほどではないといわれましたが、逮捕や弾圧を乗りこえて暴動を展開する国でも時代でもありませんでしょう。仮に今の日本で本格的な暴動が展開したとしても、多くの国民は引くばかりでしょうし、ましてや機動隊や自衛隊は寝返らない。すぐ鎮圧されて終わりでしょう。

## †都市暴動の時代を終わらせた選挙権の拡大

――そんな平成日本の我々にとって、チュニジアの例では「軍隊」がそうだったような、デモの後ろに控えた次なる「威力」とは何でしょうか。

**浅羽**　普通に考えたら選挙、でしょうね。

数万人が国会を囲む暴動まがいのデモで、二年連続して政権を倒す成果を上げた大正政変をピークとする「都市民衆騒擾期」は、数年後の米騒動を最後に終わるとされています。原因は選挙権の拡大です。まず平民宰相・原敬内閣が、五〇人に一人だった有権者を二〇人に一人にまで拡大した。納税額が基準で、むろん男子のみです。しかし、これで新興の実業家や中規模商店主が選挙権を得た。大正政変ではこの層までがデモへ参加し国会へ押しかけていたわけですから、選挙権を与えて取りこめば不満分子を分断できたのです。

そして、大正末には男子普通選挙が実現。寿命が短い時代に男子二五歳以上のみですから、国民五人に一人ですが、無一文の貧乏人でも有権者となった。

デモが背後に秘めた切り札が暴動だった時代が、日本ではここで終焉するのです。選挙によるインプットというパイプが通じて、政治へアクセスできるようになったからです。以後、いうこと聞かないと怖いぞと威嚇する切り札は、主に選挙となりました。

安保関連法反対のデモではそれは早期から意識されていたようですね。

国会前へ一二万人を集めた反対デモにもかかわらず、安保関連法は成立した。しかし、ここで敗退して終わりではなく、来年の参院選で安倍自公政権を敗北させる戦いを始めよう。まずは選挙法に違反しない落選運動からだ——。

東大教授・高橋哲哉氏などは七月末から安保関連法賛成議員を落選させる運動を提唱していましたし[16]、学生団体SEALDsも同調を示しました。成立直前のデモでは作家・室井佑月氏が「長時間かかっても勝たなければならない。来夏には参院選挙がある。それまで、こつこつと続けることが大事」とスピーチしました[17]。

デモの高揚を実現した先に「選挙」を考えるという方向は間違っていないでしょう。**「選挙」では、権力へ向かって「アメ」と「ムチ」の二つのカードが切れるのです。**「暴動」が「ムチ」だけであるのを思えば、闘いの幅が広がります。

——何が「アメ」で何が「ムチ」なのですか。

**浅羽** デモを無視して訴えを聞かなかったら怖いぞ。次の選挙で、あんたたちへ投票してやらないから、落選もするし政権も失うぞ。これが「ムチ」です。

もし我々の訴えを聞いて公約とするのだったら、次の選挙で我々はあんたたちへ投票するぞ。政権奪取もあり得るぞ。これが「アメ」です。

**政治的交渉ではね、威嚇だけでは、まだまだ幼稚拙劣です。大人だったら、おみやげを携えて駆け引きをしなくては。**

――安保関連法が成立し、反対デモが一段落した後、共産党などが民主党を巻きこんだ反安保の選挙協力や「国民連合政府」構想が話題となりましたね。あれがそうですか。

**浅羽** ですね。アメ目当てに蟻たちが群がってきたのです。

**†万単位のデモでも、参院選は勝てない理由**

**浅羽** しかし残念ながら、反対デモの盛り上がりが、参議院選挙での安倍政権敗北へとつながってゆく可能性は、皆無とはいわないまでも低いでしょう。だから安倍首相以下は泰然としているのです。

同じ予測をしている識者は、何人も現れています。

興味深かったのは、脱原発デモのごく初期からスポークスマンと紛うほど伴走し、関わってきた社会学者・小熊英二氏が、二〇一五年一〇月一三日付「朝日新聞」夕刊の連載コ

16――二〇一五年一〇月八日付「毎日新聞」夕刊。
17――二〇一五年九月一九日付「朝日新聞」朝刊。

ラムで、「運動の高揚は、必ずしも選挙結果に直結しない」と断言していたことです。

小熊氏は、「選挙は、選挙区で行われる。国会前に何十万人が集まっても、各選挙区に帰れば数十人や数百人なのであれば、選挙では力を持たない」、「議員の側になって考えてみよう。地元の駅前ならともかく、国会前の群衆に挨拶しても、選挙区の票に直結しない。それなら、選挙区の町内会や業界団体、労働組合を回ったほうがよい」と説くのです。まったくもってしかりでしょう。

野間易通氏の『金曜官邸前抗議』はたいへん公正な書で、官邸前デモが全国で同様のデモを派生させたとし、その人数も明記しています。首相官邸前へ二〇万人が集まったピーク時、地方で最大集まったのは大阪の二〇〇〇人。ほかは札幌数百人、高崎の五〇〇人、金沢の二〇〇人で、長野、郡山は十数人でした。二桁から三桁、落ちるのです。

あるいは、メディア論で知られる社会学者の佐藤卓己氏は、安保関連法成立直後の二〇一五年九月一九日付「朝日新聞」朝刊や同年九月二八日付「東京新聞」夕刊で、戦後日本の選挙の歴史において安全保障問題はあまり票を左右しなかった事実を紹介し（本書二三九-二四一頁も参照）、さらに尖閣諸島あたりで危機的事態が生じたら、集団的自衛権行使容認を含む安保関連法賛成へ世論は一気になびいただろうと推測していました。

もっともな指摘ですね。

小熊英二氏の先のコラムでもう一つ興味深いのは、次の指摘です。

「近年の選挙では、低投票率と野党分裂が自公勝利の一因となっている。投票率が五割台なら、自公は三割の組織票で確実に勝つ。野党が分裂すればなおさらだ。二〇〇九年衆院選のように、投票率が七割に上がり、野党が協力しないと、自公には勝てない」

これもごもっとも。異議なしであります。

小熊氏のこちらの指摘は、脱原発や安保関連法反対を訴えてきた人々には、充分噛《か》みしめてほしいと考えます。

## †票読みのプロから見たら一〇万人のデモも「たったあれだけ」

**浅羽**　殊に、自公は三割の組織票で勝つ。このあたりをです。

三割といったら、三千万人強ですよ。これをしのがなければ勝てない。柄谷行人氏は、一〇万人のデモがあったら一人の背後に同じ思いの一〇〇人がいるから一〇〇〇万人の声だと語ってました。脱原発デモは、首相官邸前抗議のピーク時で二〇万人。これを一〇〇倍すると二〇〇〇万人です。いい線いってますが、それでも一〇〇〇万人足りない。

むろんこれも、参加者二〇万人という主催者発表に水増しがなく、デモ参加者の背後には同じ思いの人がその一〇〇倍いるという公式が柄谷氏の願望ではないとしての話ですけれどね。そして、彼ら全員が、夏の参院選まで関心を強く持ちつづけて変心しない限り……です。

先にも引用した二〇一五年九月五日付「朝日新聞」朝刊の記事では、橋下徹大阪市長（当時）がデモについて疑問を投げた「たったあれだけの人数で国家の意思が決まるなんて民主主義の否定だ」というツイートを知った、稲城市の高橋由衣氏（二〇歳）が「あれほどの数を「たったあれだけ」と感じるのか」と驚いたという発言が拾われていました。高橋氏は、SEALDsの安保関連法反対金曜デモへ二回参加し、デモがピークを迎えた八月三〇日の「人の波に圧倒された」と感じいります。しかし、それは票という「力」へ転化し難い「量」でした。

デモ当事者がいかに圧倒的な人数と自讃しても、常々全国各地の有権者を視野にいれて票読みしている政治家から見たら、八月三〇日の主催者発表一二万人というのはまだまだ「たったあれだけ」。いま「噛みしめてほしい」と申したのは、デモ支持者でも、小熊英二氏くらいの知性であればしっかり認識できているこのリアリズムを、なのです。

先ほど引用した地方デモの人数を見てください。国会前デモへ集まったのは、例の脱原発デモの半数強の一二万人。地方でのデモが相当盛り上がったという報道は見られません。

**――リアリズムを噛みしめろというのは正論だと思いますが、聞いてまして、選挙でリベラルが**

勝利する可能性がいかに乏しいかと思うと、絶望的になってしまいます。

**浅羽　絶望から出発した者だけが、自らを上げ底にせず大地の岩盤を踏みしめて前進できるのです。**

脱原発デモ、安保関連法反対デモを盛り上げた平成のリベラルは、この基本を怠ったがゆえに、根本的な弱点を抱えている。

橋下氏のような権力側の人たちや安倍政権の担い手たちには、それが見え見えなのだと思います。だから、聞く耳を持たなかったし、野党の選挙協力も今ひとつ盛り上がらないのです。

### †リベラル・メディア第三の愚――個人の闘いを讃える脳天気

――どういう弱点でしょうか。

**浅羽**　先ほど、朝日新聞などリベラル系メディアが、いまどきのデモを、非暴力で楽しくかっこよく敷居が低いと讃えると指摘しましたよね。

――はい。**しかし実はそれはデモの無力さの証だと、あなたはおっしゃる。**

**浅羽**　ええ。実は、リベラル系メディアや識者が、最近のデモをよいしょするときの定番がもう一つあるのです。

そしてそちらもまた、私にいわせれば、デモの無力さを自供している。

それは、組織性や党派性がない個人が自分の意思で参加しているデモだから素晴らしいという肯定論です。

日本経済新聞が載せた、安保関連法反対デモは「特定の政党や労働組合などの団体によらない無党派の若者が自発的にデモに参加している」という、高千穂大学の五野井郁夫准教授による特徴分析[18]に代表されるものです。

「毎日新聞」の脱原発デモ参加ルポ[19]でも、代表の一人、平野太一氏の「政党や組織に染まらない、個人の自由な意思で参加できるデモ」という発言を紹介しています。

新宿での脱原発デモを体験取材した毎日新聞の記者は、デモに参加した群馬大学准教授・武藤大祐氏の「デモが組織的になると私にはアレルギーがありますが、自然発生的なものならばさらに広がる可能性があると思います」という声[20]を拾っていました。

「朝日新聞」社説[21]もまた、デモで彼氏と知り合ったという二一歳の専門学校生が、就活面接でそこを聞かれたとき、非暴力で若者主体の「党派性のないカッコいいデモ」だと必死に弁明したが、落とされた件を取りあげていました。

「産経新聞」は、八月三〇日にピークに達した安保関連法反対デモで目立った学生グループのSEALDsを解説する記事[22]を載せました。保守系として知られる新聞ゆえ、むろん懐疑的・批判的な記事です。しかし、そこでも、取り締まる公安関係者の「党派性や過激性を徹底的に否定し、クリーンさを強調したことで若い世代に共感を呼んでいる」という指摘を紹介し、「ヘルメットにゲバ棒という過去の組織的な運動とは一線を画し、洗練された〝クリーン〟なイメージ」で存在感を示している点が強調されていました。

　同じ日の朝日新聞朝刊は、やはり前日の安保関連法反対デモへ参加した七七歳の弁護士が「動員が多かったからね。今日は市民が自発的に集まっている。いい光景じゃないか。民主主義が定着したんだね」と目を細めたと報じています。

　この「動員」とは、昭和の二〇年代から四〇年代にかけて、労働組合が傘下の組合へ指令を発して各職場から何人という参加ノルマを課し、いわば義務的にデモへ人数を集めたことをいいます。そのかわり帰りに一杯飲めるくらいの「手当」「日当」が出たそうです。「日本経済新聞」も、安保関連法反対のデモへ参加した六六歳の宮川敏一氏の「今回のデ

18――二〇一五年九月一六日付夕刊。
19――二〇一二年二月六日付夕刊。
20――二〇一二年七月四日付夕刊。
21――二〇一五年一月一二日付朝刊。
22――二〇一五年八月三一日付。

モは自発的に集まる人が主体。成立しても声を上げる動きは続くはずだ」という発言[23]を拾っています。言外に「昔の動員デモと比べると」といいたいのでしょうね。

要するに、特定の政党（社会党や共産党などの政党のほか、なんとか派などと呼ばれる過激派セクト）が指令したり、労働組合が動員をかけたデモではない点が強調されているわけです。

安保関連法成立直前、「朝日新聞」朝刊が一面で掲げた大野博人論説主幹の総括[24]にも「参院特別委員会の中央公聴会で発言した学生団体「SEALDs」の奥田愛基さんは「一人一人」や「個人として」という言葉を繰り返した。人々の声を党派的な数として観ないでほしい、また議員にもただの数にならないでほしい、というメッセージだろう」とありました。

いずれも、今どきのデモの脆弱さをわざわざ満天下に晒しながら、それに気づかずはしゃいでいる記事だとしか、私には思えません。どうもごていねいなことで……。

――どうしてそれが脆弱なのでしょうか。

共産党とか過激派セクトとか労働組合とか、今どきの若者はもちろんのこと、デモ参加者のかなりを占める中高年の人たちから見ても、暗い・きたない・怖いと3K揃った昭和の遺物でしょう。

なんか、自分たちの日常とはまるきり違っていてなんだかわからない勘弁してほしい避けたい世界、なんですよ。

「若い人はリーダーや組織化を嫌う」、「主義が人を集める時代じゃない」、「(政治思想が先に立つと)人の雰囲気が似てきて、後から来た人をバカにしたり、考えをおしつけたり」して「必ず失敗する」。二〇一二年七月四日付「毎日新聞」夕刊は、イタリアの活動家ジャンフランコ・マシア氏のこんな言葉を引用しています。これは日本の若者にもそのままあてはまるでしょう。

自分のことは自分で決める。年上にあれこれ言われるのはまじうざい。それがデフォルトとなっている彼らには、えばったオヤジやジジイが上から目線で偉そうに「指導」「動員」しようとする(しかもその自覚皆無な)既成政党や労働組合、社会運動団体ほど、「無理!」なものはない。記事は、高円寺などでの初期の脱原発デモの中心となった素人の乱の松本哉氏とマシア氏を並べて、一見いいかげんっぽいリーダー然としていないところが魅力だとしています。すなわち、特権的な目線とは対蹠的な人たちなのだと。

これは金曜首相官邸前抗議の主催者や安保関連法反対デモのSEALDsの代表などにもいえる

23――二〇一五年九月一八日付夕刊。
24――二〇一五年九月一七日付。

特徴でしょう。

そんな彼らだからこそ、首相官邸前へ二〇万人集めた脱原発デモ、国会前へ一二万人集めた安保関連法反対デモが実現できた。

それにですね、かつての指導され組織化された党派的デモを知っている中高年のデモ参加者も、今どきのデモの「自発性」を喜んでいるのを忘れてはなりません。

彼らが反面教師とするのは「動員」でしょう。本心ではデモなどかったるいと思っても、労組員の義務だから仕方ない、日当もらえるならまあ参加要員になっておくか、そんな参加者がけっこういた。皆で一緒にスクラムを組みシュプレヒコールをがなってはいても、どこか、やらせ感やおつきあい感が漂ったでしょう。

それに対して、今どきのデモは「動員」なし。自分で参加したいと本心から思ったから来ている。不純物がない。

ですから、リベラル系メディアが、党派性がなく組織的でない自発的なデモだと強調することで、その強さ、拡がりの可能性が示されることはあれ、脆弱さが露顕しているとは思えませんが。

浅羽　なるほど。

六〇年安保以来といわれる人数が集められたのは、たしかに党派性からも組織性からも上から目線のリーダーによる指導からも完全に切れた、今どきのデモだったからでしょうね。
しかし、私が脆弱だというのは、その先なのですよ。
——どういう意味でしょうか。

## †「昔陸軍、今総評」だった頃——労組デモの強さ

**浅羽**　本章の冒頭で申したように、デモという示威運動が文字通り政権を怯えさせる威《おど》しとなるためには、デモの要求を無視したら、後が怖いぞと思わせる、次なるカードが必要となります。

すでに何度か話題にしていますが、六〇年安保闘争という事件が、一九六〇年にありました。

日米安全保障条約改定を強硬に進める岸信介《きしのぶすけ》首相——安倍晋三首相のお祖父さんですね——に反対する一〇万人以上のデモが六月、国会を連日取りまいたのです。

それでも結局、条約改定は阻止できなかった。しかし、予定されていたアイゼンハワー大統領の来日は中止となりましたし、岸信介首相は辞任へ追いこまれています。

デモには、国会突入など過激な闘いを訴える全学連主流派など学生運動団体もあれば、文化人や学者ほかさまざまな人が国民的規模で参加していました。演劇人や奇抜なスタイ

ルで人目を引いたデザイナー団体なども加わっていたというから、昨今のデモの新しさも先取りしています。

しかしそれらの主力となったのは、全国の多くの労働組合を束ねていた総評です。

当時、「むかし陸軍、いま総評」という言葉がありました。戦前の陸軍くらい存在感のある政治的圧力団体だという意味です。さまざまな業種の企業の労働組合を傘下におき、最盛期で総構成員は四七〇万人。これが中央部の指令によって集会やデモを組織したり、後で述べるストライキを全国一斉に決行したのです。

当時、破防法とか警職法とかいう、最近でいえば特定秘密保護法のような人権を抑圧する危険のある法律が制定されたり改悪されたりしそうになると、全国的な反対運動が巻き起こった。そのいずれでも、総評と傘下の労働組合が主力となって動いた。

そして、次なるカードである選挙ともなれば、総評傘下の組合員は皆、当時の野党第一党である日本社会党の候補者へ一致団結して投票しました。

昭和の日本社会党が、政権こそ取れなかったものの、自民党の憲法改正を許さぬ国会の三分の一の議席を確保しつづけられたのは、総評の組織票を当てにできたからです。

現在、総評はライバルだった同盟と合体して連合となりました。連合傘下の労組の組織票は民主党を支えていますが、これは総評が社会党を支え、同盟が民社党を支えていた名残ですね。

こうした組織化の下では、なるほど、個人の自由、ワガママは制限されます。給料から組合費を天引きされたり、関心のないデモや集会や勉強会へも参加しなくてはならなかったり。

でも一度そこをのんでしまえば、強い。頼りになりますよ。

## †「一人ひとり」が「個人」として参加するデモの脆弱さ

**浅羽**　いまリベラル系メディアが讃えるような、自発的に参加した人たちで盛り上がるデモは、その人たちがもういいやと思ったらそれでしぼんでゆくでしょう。いや待て、ここで止めたら安倍政権の思うつぼとなってしまうから、もっとふんばれよと考える参加者がいても、もういいやという人を引き留められないでしょう。「一人ひとり」の「個人として」の自発性が尊いという思想でやっているかぎりは。

ところが、組織化されリーダーに指導されている場合は、本人の意欲が減退したとしても、義務的に引っ張って参加させることができる。もし逮捕者が出てデモ参加の敷居が高くなっても、皆びびらずに不当逮捕に抗議せよと号令をかけてリベンジができるでしょう。組合のお金で弁護士を雇ったりもできます。

そして、次の選挙が近づけば、組織が推薦する候補を全員に応援させ選挙運動を手伝わせ、当選へ持ってゆける。

今も、創価学会員や共産党の支持者がやっているように。うざいといえばうざいですし不純といえば不純です。しかしこれならば、一時の盛り上がりが収束しても、熱が冷めたメンバーを去らせることなく、粘りづよく、タイミングを測って打つべきときに次の手を打ってゆける。

「日当」で動員するというのも、そんな手の一つでした。柄谷行人氏は、組合のデモを高く評価しています。「安保闘争の時、デモに対して日当が払われているという中傷的な宣伝がなされたけど、あれは組合が毎月積み立てたものですね。休日でない日に労働者がデモをすれば、どうなるか。賃金カットに決まっています。だから、前もって積み立てておいた。そういう準備をした集団が核になっていないと、デモはできません。学生だけのデモになってしまう」[25]と。

さて、「次のカード」のなかでは当然、選挙が重要です。

小熊英二氏も、政治家は票が欲しければ、デモよりも労組へ赴くと書いていたでしょう。組織票ですから、全国的な規模での得票数へダイレクトにつながってゆく。

そうしてかつての社会党のように、まがりなりにもですが、国会のなかへ橋頭堡を築いてゆける。政党を通してさまざまな要求をインプットできる可能性も拓けてきます。

小選挙区制となった現在ならば、政権交代の可能性も充分ありますよね。

こうなれば、政権側ももはや、「大きな音」だの「たったあれだけ」だのと片づけてはいられなくなるでしょう。

デモへ集まった膨大な頭数が即、票田の一角なのですから。

**†組織を嫌うわがままがリベラルを勝てなくする**

――なるほど、しっかりした組織があれば、たとえば安保関連法成立後のデモ等の鎮静化も乗り越えられそうですし、参院選も闘えそうですね。

しかし、そうした「しばり」をもっとも嫌うのが、いわゆるリベラルですからね。組織化しようとすればみんな厭《いと》うて即、離れてしまう。

参加者を増やすには組織化は避けなくてはならず、しかし組織なき闘いには限界がある。うーん、ジレンマだ。

**浅羽**　その通りです。ジレンマなのです。

25――『政治と思想』平凡社ライブラリー、一五一 - 一五二頁。

敷居を低くしなければ、多くの人をデモへ呼びこめないが、そんなデモは、わずかな逮捕者が出たくらいでびびってしまう威力なきものでしかないあのジレンマと同じですね。

これらのジレンマの意味するところは、何か。

楽しくてかっこよくて徹底非暴力なデモでなければ、参加したくない。組合費を払わされたり、義務でデモや集会へ行かされるのは絶対に嫌。出損《しゅつえん》を何であれ強制されたくないのです。

ようするにワガママを我慢したくない。高度消費社会の下、欲望を肯定されて生きてきた我々はこれが普通ですよね。

**しかし、個人が個人であるがゆえのワガママを我慢しなくては、権力を怯えさせるほどの、政権に勝てるだけの威力なんか生み出せっこないのです。**

でもやはり我慢なんか嫌だと躊躇するのならば、脱原発とか安保関連法廃棄への想いもまたその程度なのだといわれても仕方がないですね。

そういえば、二〇一五年七月三〇日、自民党の武藤貴也議員がツィッターでSEALDsの主張について「自分中心」「極端な利己主義に基づく」と断じ、「利己的個人主義」の「蔓延」を戦後教育のせいだとしました。SEALDsが自分中心で利己的だとは全く思えませんが、「自分中心」「利己主義」ゆえに政権批判運動が組織化されず、結果として自民党政権を利している。これが現実でしょう。自民党は戦後教育に感謝しなくては。

ちなみに、朝日新聞編集委員・松下秀雄氏は、二〇一五年一〇月二五日付朝刊「政治断簡」で、「嫌なことは嫌」といえる社会をめざし圧力に負けずとりくんでいるSEALDsの若者へ敬意を抱いていると書いてらっしゃいましたけどね（笑）。

安倍政権に勝つためには、組織化や会費納入が必要だとなったときにも「嫌なものは嫌」だと拒否して、せっかくの機会を流産させなければよいのですが。

**――そうなると選挙での勝利も、あまり当てにはできない。**

**選挙以外で、デモを無視したらこれが控えているぞと政権を威嚇できるカードはありますか。**

**浅羽**　私は以前、こんなことを思いつきました。

「ロシアン・ルーレット」というプロジェクトです。

ヒントは山田風太郎先生の傑作『修羅維新牢』。明治元年、新政府の幹部を狙った辻斬りが横行する。捕まらぬ犯人に業を煮やした薩摩の桐野利秋《としあき》は、犯人は旧幕臣旗本と断じ一計を案じます。

元幕臣旗本を一〇人、無差別にひっくくってくる。そして、薩長政府に辻斬りで犠牲者が一人出るたびに、その一〇人のなかからひとりずつ殺してゆくと警告するのです。一種の人質ですね。

これを、当時の小泉内閣による自衛隊イラク派兵をやめさせるために応用できないかと考えたのです。

とはいっても、こちらは新政府でもISでもない。人質を拉致してきて、自衛隊員が一人殺されるたびに、あるいは自衛隊がイラクのテロリストを一人殺すたびに、一人ずつ殺すというのはむりです。ふと思い出したのが、九〇年代、どこかの中学生が体育祭がいやでもし開催するなら自殺するぞと匿名で学校を脅して中止へ追いこんだ例でした。あれを学校ではなく、国家相手にやるのです。

## †ロシアン・ルーレット作戦——ひとりの戦死にひとりの自殺で報いよ

**浅羽**　まず、何十人かの自殺覚悟の志願者を集める。彼ら彼女らがしっかり実在するのをアピールするため、ネットで各自の決意を表明させ、その後もブログやツイートを続けさせる。個人や場所が照合認定できないぎりぎりで画像などつけたらリアリティは増します。逆に、にわか有名人にしてしまうのもありかもしれませんが、それだと保護拘束されないように工夫しなくては。

そして、自衛隊員が、イラクで死ぬたびに一人ずつ死んでゆくのです。地雷や爆弾で一挙に一〇人とかが犠牲となったら、こちらも一〇人が一挙に死ぬわけです。死ぬ順序は、比例代表制のように名簿順位を決めておいてもよいし、何らかのくじびきをその都度行ってもよい。このくじびきはニコ生とかで実況すべきでしょうね。まさにロシアン・ルーレットです。

そして、自殺の現場も当然、生中継する。これはかなり効くんじゃないか。

――またえらく悪趣味なことを考えましたな。

しかしほんとうに効果がありますかね。

最近では、二〇一四年六月二九日、新宿駅南口歩道橋で、生活保護を受給している初老の男性が、集団的自衛権行使容認の閣議決定に抗議して焼身自殺を図りました。その後の経緯についてはほとんどのメディアが不可解な沈黙を保っていますが。

これらは、反戦運動に関心を抱く人々には一定以上の感銘を与えましたけれど、権力を動かすほどの効果があったかといえば、ないでしょう。

あの三島由紀夫の割腹自殺だって、各界へ甚大な衝撃を及ぼしたものの、彼が死を賭して訴えた自衛隊クーデターなどは起きなかった。抗議自殺はそのようなものなのでは?

チベットの僧侶の焼身自殺やチュニジアでの「アラブの春」のデモ高揚の引き金となった焼身自殺は事情が異なるかもしれませんが。現在の日本では状況がまるで異なるでしょう。

**浅羽**　それはですね、日本の抗議自殺者たちが、自らの身を焼く真情だけで権力者を動かせると信じこんでしまったからですよ。甘すぎます。

**身を焼くほどの真情へ同情・共感してくれるのは同じような真情を抱く純粋な人々だけです。海千山千の政治家などがそのくらいで動くものですか。**

私のロシアン・ルーレット・プロジェクトは、それとは一味違っています。予告なしに死んで抗議とするのではないのですよ。デモを無視すると後が怖いぞと次なるカードをちらつかせる。あれと同じ仕掛けですからね。

**†自身を人質として政府を脅せ**

**浅羽** まず、できれば死にたくはないけれど、しかし自衛隊員が戦死したらそれと同じだけの人数が死にますよという予告をする。

言うことを無視せず、自衛隊派兵を中止するとかすればそれでよし。ところが、言うことを聞かず、決行して死なせたら、自衛隊員を死地へ赴かせる命令、さらにはそうした政策、その根拠となる安保関連法制、どれか一つでもなかったなら、自衛隊員のみならず、彼らもまた死なずに済んだ。そういうことになるでしょう。

そうすると、予告を知りつつ自衛隊を死地へ追いやった安倍政権は、すなわち自殺予告者の背を押した人殺し、あるいは自殺幇助者同様に見られるでしょう。条件つき自殺予告を受け取った学校当局が、無視して体育祭を実行した結果、予告の生徒が自殺した場合と同じ非難が殺到するのではないか。

もっと直截に、人権抑圧や戦争へつながる法案が各院で可決される度に、たとえばイラク派兵されたドイツ軍兵士が一挙に死んだ例を参考に、名簿一位から五〇位までが各地で同時に自殺し、それをネットで生中継するというのはどうでしょうか。与党議員が法案に賛成した行為が、そのまま五〇人という大量殺人の引き金をひいたのと変わらないことになるでしょう。

こちらのほうが、権力を握る者が人命を左右しているのだという構図を視覚化する効果はあります。

しかし、自衛隊員の死と対応して同じ数の人がその都度死んでゆく方法のほうが、日本人がはるか海彼《かいひ》の出来事であるのをいいことに、実感がないのをいいことに、我々日本人のための「戦死」という不都合な真実を直視せずに逃げている現状へ頂門の一針を加えられるかもしれません。

†海彼の戦死を身近へ増幅するニコ生自殺

**浅羽**　見えない砂漠の国だか南の海上だかでの死が、身近な自死へと増幅され、ネット上の生々しい動画としてアップされるのですからね。

首相でも官房長官でも誰でもいいですが、「君たち、尊い命を粗末にするんじゃない」などと説教してくれたら、しめたものです。「自衛隊員の尊い命を粗末になさっているのはどこのどなたですか」と切り返せますから。

イラク戦争のときはこのプロジェクトをかなり本気で考えていて、パンフレットを作成してほしいと有名出版社へかけあったり、スタッフをひそかに募集したり、私自身も言いだしっぺとして名簿一位となるつもりでしたから自死のイメトレとか始めていたんですけどね。結局、止めました。その経緯は、『天皇・反戦・日本』（幻冬舎）という本に記しましたので読んでください。

いま思えば、自衛隊員の戦死を同数の自殺者で増幅するというアイディアは提示したものの、自衛隊員がイラク人などを殺害するという、より直視したくない真実は視野にいれていなかった。こちらも増幅させるとなると、その分、日本人を殺害しなくてはなりません。

また、自死というのはだいたい即死であって、思えばけっこう楽な行為です。即死は、戦場へ赴いた者が被った悲惨のなかではかなりましなほうではないのか。

現在の自衛隊派兵では、飢餓に苦しんだあげく人肉を食して生きのびたり、民間人や捕虜の首を斬ったりするようなことはないでしょう。だが戦死者が出るということは、負傷者も出ましょう。手も足ももがれた丸太、江戸川乱歩や若松孝二が描いたように、芋虫となったり失明したり性的不能者となる可能性だってありますよ。

戦場の緊迫感と恐怖で精神をひどく病み、帰国後自死した例は二十数名に及ぶとか。これらの悲惨に対して、平和な日本国内で、たいして苦痛のない自死をスペクタクル化してアピールするというのは、戦場の現実を体験した者たちに対してかなり非礼でありますね。

**――インパクトはありそうですが、えぐすぎて一般的な共感が得られる方法かは疑問ですね。集団自殺をするわけですし、カルト教団まがいと思われそうです。**

**それ以前に、自死覚悟の数十人が集められるものかどうか……。**

**浅羽**　ロシアン・ルーレット作戦のもう一つのヒントは、ゼロ年代に反貧困や反格差が叫ばれた時、三万人を超えていた日本の自殺者を、一種の自爆テロだとする誰かの評でした。他人をテロの標的にするのは、心理的にも物理的にもかなりたいへんですが、自分にテロを行うのはまだたやすい。自「殺」はもっとも手近な殺人でもあるのです。

自分の管理下にある資源だったら、自由にできるはず。しかし、「自分」は自分であると同時に、納税や兵役の義務を負わされ得る「国民」でもある。だから自殺は、もしかすると国家の人的資源かもしれない生命財産の一つをぶち壊すテロとも考えられるのです。

### †ストライキ――この忘れられた戦法

**浅羽**　自分が自由にできる何かをストップさせると、それが自らの不利益となると同時に、国家や社会の不利益ともなる。ゆえにテロ効果が生じるという戦術は、支配されるものが用いるカードとして古くから知られています、

ストライキですね。

昔は、デモといえばほとんどセットとなってこのストが話題に上ったものです。「でもさぁ」などとためらう奴へ「デモもストライキもねえよ」と混ぜっ返す常套句までありました。

**――デモが日本で盛り上がるのは何十年ぶりかといわれていますが、かつてセットとなっていたストライキは死語のままですよね。**

――ストライキは「同盟罷業」と訳されました。

労働者が仕事をしない。給料をあえて放棄する。しかし、皆が示し合わせて一斉に休めば企業活動は停止する。それでは経営者も資本家も困るから、労働者側は、賃上げしたら、労働条件が改善したら、労働を再開してやるけどねと交渉するカードができる。なるほど、ロシアン・ルーレットは命のストライキですか。

**浅羽**　はい。

本来ストライキは、資本家を相手に昇給を求めるなど、経済的な理由を背景とするものでしたが、一斉に仕事を止めて、政府へ政策の中止や転換を迫るのが「政治ストライキ」です。

また、一企業のみならず、全国の同じ業種とか多業種の労働者が、一国の経済活動がマヒするくらいの規模で仕事を放棄するのがゼネラル・ストライキ、ゼネ・ストですね。

六〇年安保闘争では、総評その他へ組織された六〇〇万人以上の労働者が、このストライキを決行しています。

──たしかに、ストライキという手段は、脱原発でも安保関連法反対でも聞かなかったですね。

**浅羽**　連合は総評の末裔であるはずですが、政治ストライキなどやりませんからね。東電などの労働組合は、当然ながら原発推進派ですし。

ストライキというテーマが忘れ去られ、言葉すら浮上してこない。そこからは、現代日本のリベラルが自公政権に勝てない根本的な原因が透けて見えます。

これは第三部で考えましょう（二四三頁以下）。

ここでは、仕事を休み給金を放棄するという自己犠牲が、そのまま敵への打撃となる仕掛けを覚えておいてほしい。

**すでに述べた「組織化」では「自由」。ロシアン・ルーレット作戦では「生命」。ストライキでは「収入」。こうした何かを犠牲にし我慢することによって、権力へものをいわせるカードという浮かぶ瀬を獲得してゆく。**

こうした発想が、脱原発であれ安保関連法反対であれ、昨今の運動とか闘争とかでは、あまりにも欠けていないでしょうか。

### †デモとお金——大人を振り向かせるために

**浅羽**　殊に、経済的な発想がお留守となってしまっている。

つまり、お金の話題が出ないのです。

**お金の話題が出たら、大人も耳を傾けます。彼らは、「本気」かどうかをそこで測るのですから。**

——大人にならなくてはだめですか？

**浅羽　べつにならなくてもかまわないけどね。大人を巻きこまなくては勝てませんよ。**

二〇一五年夏、安保関連法反対デモが高揚した頃、スターとなった学生団体SEALDsの記事は多くのメディアに出ましたが、「週刊文春」（九月一〇日号）はさすがに大人の週刊誌で、デモ費用についての取材を欠かしていなかった。それによると、当初は中心メンバーのバイト代で捻出し、現在は一口千円から三千円ほどのカンパで賄い、現在数百万円あって困ってはいない。デモ一回で印刷代など二、三十万かかると。

脱原発デモでは、脱原発宣言をした異色のトップ、城南信用金庫理事長だった吉原毅氏の『原発ゼロで日本経済は再生する』（角川ONEテーマ21）に興味深いエピソードがありました。

大飯原発の再稼働へ抗議する金曜夜首相官邸前抗議が万単位の人を集めるようになった二〇一二年六月、デモをほとんど報道しないマスメディアに抗して、ヘリコプターをチャーターして正しいデモ映像を撮り、インターネットで配信するプランを、三十数年来の反原発運動で知られる作家・広瀬隆氏が立てた。そのための資金の受け皿として城南信金に「正しい報道ヘリの会」という口座を開設したのです。目標額一〇〇万のところ、五日後には寄付金が殺到し、最終的には約七八八万円まで達したそうです。

六〇年安保闘争のときは、デモ自体暴力的であり、警察やヤクザの妨害もひどくて、負傷者も少なくないという、かなり敷居の高いものでした。しかし国民の同情は厚かった。怪我の治療費、逮捕者の裁判費用をおねがいしますと街頭で募れば、高揚期には面白いようにカンパが集まったといいます。千円札を入れてゆくサラリーマンも多かったとか。高度成長初期だった当時の千円は現在の一万円以上でしょう。

こういう方向でのアイディアがもっとあっていいんじゃないか。一〇万人のデモ参加者が千円ずつカンパを出せば、一億円ですよね。一万円だったら一〇億円です。

しかも、昨今のデモ参加者は、高円寺のビンボー臭さを守ってる連中ばかりではなく、中高年、殊に就職が決まって髪を切ってきてもう若くはないさと君に言い訳してから、はや幾十年、子育ても終え定年退職、ローン完済間近な学生運動世代もかなり目立ちます。あの人たちだったら、貯蓄もまだ結構あるんじゃないですか。

**デモは行くけど、老後も不安だし金までは出さないよというのなら、脱原発や反安保関連法を訴える情熱も、まあその程度だというまでです。**

――しかし、負傷者も逮捕者も出ない最近のデモでは、集めたカンパは何へ投じるのでしょうか。

**浅羽**　経産省前へテント張って抗議をしていた人たちは、撤去とともに多額の損害賠償・訴訟費用を請求されたようですけどね。原発再稼動差し止め訴訟がいったん勝訴して仮処分申請が通った後、逆転敗訴したりしたら電力会社は、差し止めによる損失を請求してきますよ。いくらあっても足りません。テント抗議のときは、篤志家が寄付してくれたそうですが。

そうした例もありますが、一般的にはお金の投じどころが、たしかに今ひとつ見えませんね。見えないこと自体、デモのその先、どう実のある闘いを継続展開してゆくかがほとんど考えられていない証なのではないでしょうか。

実のある闘いとは、お金をかけた闘いであるはずですから。

億単位のお金を用いて、政権を怯えさせる何ができるか。頭を使うならばここ。これからの課題です。津田大介氏は、『動員の革命』（中公新書ラクレ）で、デモの最後に寄付を募り、それを使うプロセスをネットで可視化すれば、手応えができるといった提案をしてますが、その先がまだ具体的じゃないですね。

**——今後の課題ですか。勝利が見えてくるのはまだまだ先のようですね。**

**浅羽**　でも、勝つための基本中の基本を、この機会に教えておくべきでしょう。

そして、本気で敵に勝ちたいと考えるならば、これまでの戦歴を直視して検討する必要があります。

ここで大事なのは、敗北した例を研究するよりも、勝利した例を俎上に載せる必要を忘れないように。これです。

そこで、冒頭近くで触れかけた例（本書一二一 - 一二三頁）をここで検討してみます。

## 野田首相はなぜ、脱原発デモ代表と会見したのか

**浅羽**　脱原発デモが、政府を動かしかけた瞬間が一度ありました。金曜夜の首相官邸前抗議が盛り上がった二〇一二年八月二二日、当時の野田首相は、デモの代表者と会見して意見を聞く場を設けています。

そして九月一四日、「2030年代に原発稼働ゼロを可能とするよう、あらゆる政策資源を投入する」という「革新的エネルギー・環境戦略」が、民主党政権から発表されます。デモがこの決定へ直接影響したのかはよくわかりません。可能性はあるでしょうね。

元経産省大臣官房付だった古賀茂明氏は、「官邸はあれ（官邸前抗議）をものすごく気にしているわけですよ」と『SIGHT』五三号のインタビューで語っていました。

——湯浅誠氏は、安倍首相も野田首相のように、デモの意思表示へ対話のドアを開いておく「懐の深さ」を見せてほしいと比較していました。しかしあなたは、「懐」が深いとか浅いとかの問題じゃないと批判してましたよね。

**浅羽**　はい、しました。

あのとき、すなわち二〇一二年九月、民主党政権は揺らいでいました。政権交代時のブ

ームは去って大震災と原発事故対応への不手際が目立った。アベノミクスを掲げた安倍晋三の攻勢が始まるにはまだ二カ月ありましたが、野党七党からの不信任決議案も出され、早期解散を迫る自民党の声も高まっていたのです。

　すなわち、少しでも味方が欲しい。そのために、民主党はやはり自民党とは違うと印象づけられるカードが非常に欲しかった時期じゃなかったでしょうか。

　そこへ二〇万人のデモがあり、「大きな音だね」という首相の失言があった。一つ間違えば、そのまま「民意に耳を傾けない首相」というイメージが定着するかもしれない。それでデモの代表者との対話、原発ゼロ構想へ飛びついたのでしょう。

　要点はこれらの「力動的状況《ダイナミズム》」です。懐がどうのこうのではない。

　状況を一口で言えば、民主党と自公両党という**二つの勢力の拮抗**ですよ。**そういう状況が現れたときは、自然に生まれた権力の分立により、少数派の自由が確保されやすい**のです。

　どちらも勝つためのカードが一枚でも多く欲しいときですから、懐が深くならざるを得ない。少数派の取りこみに必死となるわけです。あの時、自民党は安倍総裁と甘利明《あまりあきら》ブレーンがアベノミクスを周到に準備していましたから、脱原発派など取りこまなくても勝てると踏んでいたでしょうけどね。

†レーム・ダックを狙え――力の拮抗へつけこむ

**浅羽**　これを一般化すると、学べる戦訓はこうです。

**軍隊をこちらの味方につけられるわけでもなく、次期選挙の帰趨を決する組織票を携えているわけでもなく、財力もない反対少数勢力でも、力の拮抗状況をうまく摑めば、要求を権力システムへインプットできる可能性がある。これですね。**

口先だけでなく実力を携えて批判せよと、本書ではずっと説いてきましたが、その実力はこの例のように他人の実力を借りてもかまわないのです。無視していると怖いかもと目下の敵、あの時ならば野田首相の民主党が怯えればよいのですから。「大きな音」とかいってスルーしてると評判おとして、政権回復を狙って実力を蓄えつつある自民党が喜ぶけど、いいのかなァと威すわけです。

自民党の威力を追い風としたといってもよいでしょう。

――わかりました。しかしあの原発ゼロ方針も閣議決定されることはなかったのですよね。そして安倍政権成立で全て元の木阿弥。

**浅羽**　はい。野間易通氏の『金曜官邸前抗議』や野間氏と同じく首都圏反原発連合の中心の一人で野田首相会見にも列席したミサオ・レッドウルフ氏のパンフレット『直接行動の力「首相官邸前抗議」』（クレヨンハウス）は、クリントン国務長官（当時）やアメリカ・エネルギー省から、さらには経団連、経済同友会、日本商工会議所からも、原発ゼロ方針撤回の圧力がかかったとしています。東京新聞もほぼ同じことを報じています。

――アメリカとか財界とか、これまで以上に巨大すぎる敵が姿を現しました。いよいよもって無力感がつのりますね。

**浅羽**　そうですか？　**巨大なラスボスが、いよいよ姿を顕すところまで、よく敵を追い詰めたと、むしろ喜ぶべきところだと思いますが……。**

## †ついにラスボス登場――アメリカと世界資本制

**浅羽**　原発もそうですが、安保関連法も、安倍首相がアメリカ議会で演説して成立を約束した段階で、もう阻止は不可能だったのです。

仮に民主党政権が続いていても、野田首相かその次の枝野首相だか誰だかがアメリカの意を汲んで、集団的自衛権行使容認の閣議決定と立法を行ったと考えられます。

白井聡氏の『永続敗戦論』（太田出版）とか加藤典洋氏の『戦後入門』（ちくま新書）とかが版を重ね評判ですが、どちらも戦後日本は結局、属国と言ってよいくらい政治的・軍事的にアメリカへ従属しており、しかも日本人はそれを直視しない欺瞞の裡にまどろんでいるとする書物です。前泊博盛氏らの『本当は憲法より大切な「日米地位協定入門」』（創元社）などを合わせて読めば、それももっともだと納得がいきますね。理論社会学者・大澤真幸氏も安倍首相が、「けんかに強くて守ってくれるアソウ君をこちらからも守る」という喩えで集団的自衛権を説明したとき、「最も重要なのにちゃんと議論されなかった論点」、すなわち「日米関係」が見えた、とコメントしました。[26]

この根本的なパースペクティヴへ十数年まえに辿りついていたのが、小林よしのり氏です。氏は核武装・反米独立を果たすべきという立場で一貫している。それが国民多数に受けいれられるかは大いに疑問ですけれど。有形無形のアメリカからの圧力に耐える覚悟が要《い》りますからね。日本国民はそんな賭けに出るよりは従属下の安逸を選ぶでしょう。現に選んでいます。しかし、小林氏が安保関連法に反対するなら、首相官邸前とか国会ではなく、ホワイトハウスへデモを仕掛けろと訴えたのは正論でしょう。[27]

**――ラスボスは、倒せるのですか。**

**浅羽**　まあ、とてつもなく難しいでしょう。

しかし、思考実験はできます。

わが国に対するアメリカの政治的・軍事的圧倒性がもっとも露骨に見えるのは、おそらく沖縄ででしょう。なかでも、このところずっと焦点となっているのは、普天間基地の辺野古地区への移転です。地元は、これでまた沖縄に新しい米軍基地が居座ってしまう。県内に基地はもうたくさんだと反対しています。

学生団体SEALDsも、辺野古基地阻止へ参加したらしい。

### †沖縄はへたれだ――「お願い」しかできない翁長知事

**浅羽** 冒頭近くで私は、安保関連法反対を叫ぶ人たちは安倍政権へ甘えていると申しました。

私は、沖縄の基地問題についていろいろ知るたびに、ここにもやはりどうしようもない甘えがあると考えざるをえなくなった。

だって、翁長雄志《おながたけし》沖縄県知事は、沖縄の悲惨な歴史を訴えては、ただただなんとかしてくださいとお願いを繰り返すだけではありませんか。

アメリカへ赴き、直接訴えてもいます。相手にされていませんよね。日本人だったらまず日本政府へ訴えてくれとたらい回しにされてお終《しま》いです。

26――朝日新聞朝刊二〇一五年七月一七日付。
27――「週刊ポスト」二〇一五年九月二五日・一〇月二日号。

日本政府への訴え、訴訟などでも本質は変わりません。翁長知事は、日本に民主主義が、地方自治があるならば、在日米軍基地のほとんどを配置されてきた沖縄住民の意思を無視しないでくれと、態度は堂々としてますが、要するに、時代劇のお百姓さんみたいに「おねげえしますだ」を繰り返してるばかりでしょう。

結局、日本人の正義感へ訴え、同情心をそそろうとしているだけなんですよね。

日本人のほとんどが、沖縄の米軍基地なんて不都合な真実は見たくもないし、ときに同情を口にはしても、本心では、だからといって本土の自分たちの町へ米軍基地が移転して来るなんてまっぴらごめんと思っている。

そんなろくでもない軍事的な征服者で搾取者、沖縄戦で琉球全人民を日本本土の楯、弾よけにして恥じなかったヤマトンチュが、お願いを聞いてくれると本当に思っているとしたら、甘いとしかいいようがないですよ。

**——人間じゃない愚劣なバカ首相アベへ立憲主義を説くのと同じ甘えだというわけですね。**

**浅羽**　全く同じです。ヤマトンチュへ言うことをきかせるための「アメ」も「ムチ」も考えていないのですから。

あの悲惨だった沖縄戦があるでしょう。大東亜戦争で唯一、民間人を巻きこんだ日本領土内の地上戦です。

## †ひめゆり部隊よ、その手榴弾で日本軍を屠れ

**浅羽**　あの戦いで、日本軍は沖縄県民へ手榴弾を渡し、戦わせようとした。日本軍敗退とともに彼らも米軍に追われて洞窟《ガマ》などへ逃げ、その手榴弾で自害していった悲劇が、映画やドラマでよく知られています。

しかしね、あの時、これはヤマトンチュの戦争だ。自分たちウチナンチュはヤマトンチュに強制併合された被支配者であるから、ヤマトンチュとともにアメリカと戦う義理はない。

そう気がついたウチナンチュはいなかったのでしょうかね。大英帝国が、アフリカでボーア戦争を戦っているとき、イングランドの窮地は我らの好機と叫び、アイルランド独立軍《I・R・A》は奮起したものですが。一人もいなかったのなら、私は沖縄人はへたれだと嗤《わら》うばかりです。

そしてヤマトンチュが窮地にある今こそは、彼らに支配されてきた我らウチナンチュの好機到来とばかり、手榴弾を、手渡してくれた日本兵めがけて投擲《とうてき》する。そして、米軍へ投降するのではなく、あくまで琉球独立軍ゲリラ部隊として合流する。

そして戦前において、三五年間日本だった朝鮮が、日本の敗戦を機に米ソの占領下で独

立させられたように、琉球共和国として独立を果たす。

その時、南北朝鮮と異なり、戦争末期の沖縄決戦で米軍とともに日本軍と交戦した独立ウチナンチュ臨時政府は、第三国ではなく戦勝国の待遇で戦後を迎えるのです。

——これまたロシアン・ルーレット計画に劣らず、強烈ですね。

そんなこと言っていいんですか？　沖縄で、手榴弾を日本兵へ投げなかったあんたらはへたれだなんていったら大変ですよ。いえますか？　沖縄の人たちの前で。

**浅羽**　この話、最初に発表したのは沖縄本島の私立大学主催の講演会ででしたが、なにか？

——はぁ、手榴弾とか飛んでこなかったですか。

**浅羽**　別に何も。招いてくださった教員はあとで、なぜ浅羽通明なんかに依頼したと進退問題となったらしいですが。

——かわいそうに……。

**浅羽**　ラディカルな闘争に犠牲はつきものです。

——しかし、戦前でもすでに沖縄の人は日本への同化がすすみ、アメリカよりは日本のほうへアイデンティファイしていたでしょう。戦後の占領下にあっても、アメリカ統治下での発展とか独立ではなく、大多数が本土復帰を選び、達成したのですから。

**浅羽**　それは戦後の沖縄が、アメリカの過酷な軍政を被ったからでしょう。それを言うなら、ハワイなどへ移住してアメリカ人となったウチナンチュだって、戦前から多いです。渡された手榴弾を征服者日本兵と戦う武器とせよ、「沖縄戦を独立戦争に！」。こうアジったのは、「帝国主義戦争を革命戦へ転化せよ」といったレーニンのパクリです。

国家を支配するブルジョワジーが金儲けのための戦争（帝国主義戦争）を始めたら、搾取されてきたプロレタリアートが起《た》ちあがる。いつもならブルジョワジーたちの警察や軍隊の力にかなうわけがないが、戦時だったら違う。兵士として武器も持たされるから、それを敵国の兵士ではなく、撃てと命じる国家指導者たちへ向けろ。ブルジョワジー政府が敵国との戦いで弱っているところを狙って革命を起こせ。そういう意味です。

ウチナンチュも、大日本帝国の下では無力でしょう。**しかし、沖縄戦のただなかならば、敵国アメリカの威力を追い風にできます。**

（おそらく）自民党の威力を追い風にして、民主党野田政権を原発ゼロへ後押しした首相官邸前デモの主宰者たちと同様に。

いわばウチナンチュが、大日本帝国とアメリカ合衆国とを両てんびんにかけられる力の拮抗状況がやってきていたはずです。

†沖縄キューバ化計画――嘉手納をグァンタナモとせよ

**浅羽** 時代は変わりましたが、同じ状況はいまでも考えられます。

戦後、アメリカ統治下から日本への復帰を沖縄県民は選んだ。だが不満は残る。米軍基地ですね。なんとかしてとお願いするも進展はない。ムチもアメもないからです。交渉カードがない。

しかし現在、沖縄が、日本と両てんびんにかけてその力を追い風にできる国家があったらどうでしょうか。

その国家はまず、日本もアメリカも無視できない大国でなくてはだめでしょう。領土も人口もあり、経済規模も大きくて、アメリカに対抗して、アジアの海へ軍事進出を図っている国とかだったら、沖縄が海軍基地を提供するなんていうアメに飛びつきそうですよね。

かつて明という国は倭寇という海賊を怖れて海洋から完全に手をひく海禁《かいきん》政策を採った。海洋貿易は、そのとき明国の冊封国だった琉球王国へアウトソーシングし、おかげで沖縄は中継地として大いに栄えた。現在、海洋進出をもくろむがその経験にとぼしい大国があったなら、今度はウミンチュの共和国が海軍のアウトソーシングを引き受けてやったらどうでしょうか？ アジアインフラ投資のひとつとして原子力潜水艦や空母を貸与してくれたらなおよいですね。

その大国は、人権も法治も守られていない一党独裁の国かもしれません。だから、吸収されるのは避けたい。国家主権は譲らない独立国家琉球共和国として、その国と琉華……、もとい琉某安全保障条約を締結する。

独立国として国連に加盟し、総会や安保理では某国寄りの一票を投じ、長期的には水爆で核武装して常任理事国入りをめざす。お隣りの台湾だって、昔、常任理事国だったのですから。

外交と軍事は某大国と歩を揃え、内政は自由選挙体制を崩さない。それにより某大国は、わが国の同盟国となってもご覧の通り自由は奪われませんよという格好のショーウィンドウ国家を獲得できる。

米軍基地をどうするかですか。

当然、日米安保条約はもう適用されないわけですから、出て行ってもらう。居座られたら？　そのときは仕方がないから、琉球共和国軍と某国の人民解放軍が基地を包囲して、米兵が出てきて女子へ悪さをしないよう見張るだけでそのままにしておく。

反米の国家の領土に米軍基地がそのまま存置される例はすでにあります。キューバのグアンタナモ基地がそうですよ。キューバの武力では駆逐は無理。といって、基地の米兵が出撃して、キューバと戦争するわけにもいかない。ソ連の核がずっとキューバの背後に見え隠れしていましたからね。これに倣うのです。

沖縄を東アジアのキューバに！　嘉手納を辺野古をグァンタナモとせよ!!

**——与太話としてはなかなか面白いです。**

**浅羽**　現実味はないといわれますか。

しかし、二〇一五年四月一五日付「朝日新聞」などを見ると、政府とアメリカへ抵抗している沖縄へ秋波を送ってきている大国があるのは事実ですよ。日本国際貿易促進協会とともに某国を訪問した翁長知事は、ずいぶん誘い水を向けられたが、基地問題がらみの発言は一切封印して下を向いていたとか。外交スマイルならぬ外交ウツですな。

歴史を顧みれば、明治の初め、それまで薩摩藩と清国へ二重服属していた琉球王国を、大日本帝国が自国領土化したとき（琉球処分）、清国と近しかった一派が救援を求める使者（脱清人）を幾人も送っています。しかし、清国は軍事的に日本を追い払ってくれなかったし、外交圧力もかけてくれませんでした。もうかなり衰えていましたからね。今度は勃興期の某大国を相手にするべきなのです。

沖縄の人民が、本当に日本政府、アメリカ政府とがちんこで対峙するつもりだったら、こうした両てんびんのそぶりくらいは見せてもよいのではと考えますけど。

†ウチナンチュよ、本気なら火中の栗を拾え

**浅羽**　それはやはりありえないと否定するのだったら、私は沖縄の覚悟はその程度だったかと思うまでです。同情へ訴えるという戦術ばかりを延々と続けるだけで、強大な権力を相手にアクロバティックな賭けへ踏みこむリアル・ポリティクス、火中の栗を拾おうとは遂にしないへたれぶりと甘えを感じるまでです。

**——火中の栗ですか。やはり危険はあると？**

**浅羽**　そりゃあ強大な権力を手玉にとるわけですから。お気楽な「居酒屋の独立論」とは違いますよ。

一党独裁の大国の傘下へはいったなら、大国は当然、属国化・傀儡政権化を進めようとするでしょう。最悪の場合、チベットやウイグルのごとき運命が待っているかもしれない。もしくは、日本やナチスと旧ソ連を両てんびんにかけた結果、旧ソ連の衛星国となったモンゴルや東ヨーロッパの。

まあアメリカの軍事力と、琉球諸島の地政学的位置を考えたら、そこまでの強圧支配は難しいと考えられるので、冷戦下のフィンランド、ユーゴ、キューバくらいのところでしょうか。それでも、決して油断はできない状況にはなるでしょうね。

しかし、虎穴に入らずんば虎児はえられないのです。それが怖いならば、現状に文句をいわないこと。

日本という国家は、地政学的にもしくは歴史の偶然から、さほど大きな悲劇へは陥らず、この手法を成功させてきたほうだと考えられます。

日本人が飢えに苦しんだ敗戦直後、ソ連を追い風にした共産党や社会党が一定の国民的人気を集めている事実を背景に、吉田茂首相は、アメリカ占領軍へ、共産主義革命が起きてソ連が介入してくる可能性を潰すためにも、もっと食糧援助をしてくれと持ちかけ、成功していますから。

その後、いわゆる左翼政党、マルクス主義政党である共産党や社会党が冷戦の下、ソ連から相当の資金援助を受けていたのが、冷戦終結後に公開されたクレムリンの秘密文書から明らかになっています（名越健郎『クレムリン秘密文書は語る』中公新書）。

東側の巨大な力を背景に自民党やアメリカと対峙したわけですね。その分、彼らはソ連や中共、北朝鮮の批判を封じられ、平和運動や核兵器反対のアピールをずいぶん不純なものとしました。ソ連や中共の核はよい核だとして反対しないとか。

しかし、ともあれ**冷戦期とは、アメリカへ何かを突きつけたい場合、断ったら東側へ接近するかもよという両てんびんの威嚇が可能だった時代**ではあるのです。

## †SEALDsのリアル・ポリティクスを讃えよ

——現在では、某大国がソ連の代わりとなりますか。

**浅羽**　東アジアでは冷戦は終わっていないという見方もできますからね。その意味で私が注目するのがSEALDsの動向です。『紙の爆弾』誌別冊[28]で奥田愛基氏は、「中国脅威論」の政治家を候補にしないでと野党に要求してきたと語っています。

高橋源一郎氏との対談本『民主主義ってなんだ?』(河出書房新社)でも、民主主義を美しく語る高橋源一郎氏に対して、SEALDsの牛田悦正氏が、ヨーロッパ独自の価値観を背景とした「制度としての民主主義」を普遍的なものとしてイラクとかへ押しつけ、彼らの「譲れない信仰」をぶっ壊してはならないと牽制しています。奥田愛基氏も、民主主義は「ある種のフィクションかもしれない。しかし少数の支配という独裁的なものよりも、絶対まし」とした後、すぐに「じゃあ海外に押しつけましょうってことではないけど」と予防線を張るのを忘れていません。

ここでいうイラクを、党による少数独裁が続き、それを独自の民主主義だと開き直って

28——『NO NUKES Voice vol.06』(『紙の爆弾』二〇一五年一二月号増刊)。

いる、日本にほど近い某大国と置き換えることは可能ですよね。目ざといネトウヨなどが、これらを根拠にSEALDsを売国奴呼ばわりしますが、私はむしろ彼らのリアルポリティクス的したたかさを感じた。未だ力の足りない反体制的運動が、国外の権力を追い風とするのは日本共産党とコミンテル以来、基本中の基本ですから。殊に彼らはいずれ、安倍政権のみならず背後のラスボス、アメリカおよびグローバル資本制と闘わざるをえない。自らは民主主義を高唱しつつ、しかし政治的には独裁的傾向のある某国、某々国と気脈を通じて、地球規模で権力分立を実現してゆく。右のような含みのある発言をちらつかせるSEALDsは、その萌芽をかすかに宿しているのではないでしょうか。

**——うーん。それこそ危険ではありませんか。**

**浅羽**　むろん、警戒を怠ってはなりません。しかし日本には地政学的な利がありますからね。

たとえば日本列島が、もっと冷戦の最前線近くに位置していたら、吉田茂や社会党の米ソ両てんびん作戦は無惨な悲劇を招きかねません。

第二次大戦が終わった三年後、韓国と北朝鮮の分断を前提とした韓国のみの選挙が行われた際に、済州島だけが南北統一選挙を主張して反対しました。

一種の北寄り声明です。しかし、北朝鮮、さらにはソ連など東側の力を追い風にして韓国政府へ圧力をかける、というようにはうまくゆかず、韓国の軍部や警察、右翼が島民を弾圧、それに抗した島民が武装蜂起し、その鎮圧によって九年間に八万人が虐殺されたといいます。一時、韓国軍の一部が済州島側を支持して出動を拒否したりもしたのですがこれも鎮圧され、大勢は変わらなかった。四・三事件といわれます。

――なるほど、火中の栗ですな。

## †イギリス名誉革命と戦後八月革命

**浅羽**　しかし、力の拮抗を利用するというのは、少数派が要求を通そうとする戦いにおいては基本中の基本です。史上のさまざまな例を研究して参考にしたほうがよいでしょう。

古くは、イギリスでジェームズ二世を追放し立憲君主制と議会主義を樹立させた名誉革命。ほとんど血を流さず平和裏に成功したゆえに「名誉」といわれます。しかし、革命で倒さねばならぬような暴君がなぜ一戦も交えずに退いたのか不思議じゃないですか。

最近の歴史書では、こうです。最強の海軍を有するオランダがイギリスへ侵攻して上陸、これは勝てないと知ったジェームズ二世があわてて逃亡したというのが真相。

ジェームズ二世はカトリックで、オランダを狙うフランスと仲がいい。英仏同盟が結ばれたらオランダは危ない。だから、イギリス内の反国王・反カトリックの革命派と通じてオランダは侵攻した。以後、ジェームズ二世の娘婿でもあるオランダ総督はイギリス王を兼ねたから実質、オランダによるイギリス併合ですが、彼は議会へ政治を任せ、革命派が納得する立憲体制を定着させた。

イギリス人は、このオランダの関与という不名誉をひた隠しにして名誉革命と称しているのです。

今後、三〇〇年くらいたって記憶が薄れた頃、日本人は二〇世紀の半ばころ軍部の専制に苦しんだが、自由主義者や民主主義者たちがアメリカのマッカーサー提督の力を借りて進駐してもらい、軍部を解体、平和主義と民主主義を定着させたなんて称してたりして。

現に敗戦を終戦といいかえてきた日本人ですからね。

実際、あれを八月革命なんて呼ぶ憲法学者もいたんですから。

**――宮沢俊義でしたっけ。**

**要するに力の対立を巧みに利用できれば勝てると?**

**浅羽** 可能性はあります。アジアでは、日本以外で唯一、欧米による植民地化を巧みに免れたタイ王国の例が興味深いですよ

## †タイの狡猾、インドネシアの惨劇

**浅羽**　インドシナ半島の西側をビルマからマレーへ南下してくるイギリス、同半島の東側をラオス、ベトナム、カンボジアへと南下してくるフランスの両者がぶつかるところにタイがあった。国王は双方を完全に両てんびんにかけ、片方が強硬な要求をしてくると他方へ言いつけるという手を使って、どちらの植民地ともならず独立を全うしました。

戦時中に日本軍が大東亜共栄圏建設を掲げて侵攻したときも、いったん日本軍を歓迎して通過を認め、その虎の威を借りて周辺諸国を侵略、日本の敗色が濃くなると即、英米に通じて寝返り、戦後は戦勝国扱いされています。これはもう巧みというより狡猾ですな。

**――そのくらい狡猾でないと前門の虎、後門の狼を手玉には取れないのですかね。**

**浅羽**　いやいや狡猾であっても状況に利がなく機を失えば、惨憺たる末路が待っている可能性は常にあるでしょう。

戦後、インドネシアのスカルノは、東西冷戦のなか、英米と対立して西側先進国との関係が険悪となり、チャイナ、ソ連、北朝鮮へ接近します。国内に多かった共産主義者の勢力とも同盟を組んだ。しかし、デヴィ夫人を妻としたように日本との友好は保ち、西側の資本導入にも熱心で、共産主義嫌いが多かった軍部もなだめながら、バランスを取っていた。

しかし、東側を恃《たの》む共産主義者と西側を追い風とした軍部は、隙あらば相手を倒そうと互いに機をうかがっており、ついに激突、軍部がクー・デタを起こして共産主義者など数十万人以上が虐殺されてスカルノは失脚します。九月三〇日事件といわれます。

**――アジアの大虐殺事件は日付で呼ばれるのが多いのですね。**

**浅羽**　台湾の二・二八事件でも数万人が虐殺されています。両てんびんとは無関係ですが。

私が両てんびん戦術に関心を抱き、さっきの寓話的な沖縄独立構想のヒントとなったのは、花田清輝の「「慷慨談」の流行」（『もう一つの修羅』講談社文芸文庫所収）でした。六〇年安保闘争のさなか、花田はこのエッセイで、国内の米軍基地を本気で撤去したいのなら、怒りや嘆きを談じてないでさっさとソ連に頼んで追い払ってもらえと一喝したのです。

## †勝麟太郎、そのとき少しも騒がず――対島事件に学べ

**浅羽**　この奇策を説くにあたり、花田は幕末外交上の一エピソードを引いています。文久年間、ロシアの軍艦が対馬を突如占領しました。幕府の役人は抵抗するすべがない。しかしそのとき海舟勝麟太郎少しも騒がず、「当時、長崎にいたイギリス公使に託して、難なくロシアの軍艦を追い払ってもらった。そして、「**外交家の秘訣は、彼をもって彼を制す**

**るということにある**」といった」と花田は論じています。イギリスは、ロシアが既得権益を固めるのを阻止するため、自国の軍艦を差し向けてくれたのです。むろん、日本へ同情してではありません。イギリスの国益のためです。

このエピソード、「コミック乱」誌に連載中のみなもと太郎氏の傑作歴史マンガ『風雲児たち 幕末編』でも描かれました。英露軍艦対決をなんと「艦隊コレクション」風美少女バトルで描いてたのは笑えましたね。

**――あ、そっちへ脱線すると長くなりそうですので……。**

**浅羽** はいはい。

花田清輝は、勝海舟のこうした外交家的思考法を高く買っています。明治維新における海舟の立ち位置を、毒を持って毒を制する手法で、旧弊たる幕府と狂信的な討幕派を拮抗させて、どちらも衰弱させ、近代国家日本を立ちあがらせようとしていたのだと読み解いてみせる。

それに対して、強大な力を持つ敵を前にして、憤懣やるかたない想いで怒りを燃やし吼《ほ》えかかり、はては玉砕や憤死をしてみせる武士っぽい意思表示を、花田清輝は「慷慨談」と呼び、その青くささをたしなめるのです。私は、藩政の不正を憎むがゆえに血気に走り、討ち死へ急ぐ若侍らの単純バカをたしなめ、戦略戦術を教える「椿三十郎」の三船敏郎を思い出しました。

デモを一顧だにしない安倍政権を「懐が深く」ないと嘆く。愚劣なアベのバカは人間じゃない死ねと罵る。沖縄の悲惨な歴史を知らないのか、県民の苦しみを聴けと同情を誘う。「あれほどの数を「たったあれだけ」と感じるのか」、「参加者一二万人の後ろにいる人への想像力を持ってほしい」と言い募る。

ここまでで私が疑問をぶつけてきた言説、パフォーマンスの数々は、すべていまどき流行りの「慷慨談」でしょう。**「慷慨談」では勝てません。勝つ気があるのなら、外交家的思考を少しでも身につけましょう。**

――「勝つ」海舟みたいにですか（笑）。しかしなんで「慷慨談」ばかりとなってしまうのでしょうか。

**浅羽　ほとんどの人が、仲間にウケるための戦いばかりやっていて、敵を倒すための戦いをやらない。**視野にいれるのは味方や同類ばかりで、敵を見ようともしないからです。

――興味深いですね。どういうことか、そこのところをもっと詳しく……。

**浅羽**　それは、次章の大きなテーマですので、そちらで！

## ちょっと変だぞ、五野井郁夫先生のデモ史観

高千穂大学准教授の五野井郁夫氏が、3・11の約一年後に刊行した『「デモ」とは何か』（NHKブックス）という著がある。

この著で五野井氏は、当時、注目され始めた高円寺、新宿などでの脱原発デモ、素人の乱などが仕掛けた明るく楽しいスタイリッシュなデモの前史を遡り、いわゆるゼロ年代の日本におけるサウンド・デモの発生、社会運動不在の八〇年代の意味、それ以前の学生運動全盛期のデモなどを手際よく紹介してくれる。

しかし、氏がその日本デモ史を、大正七（一九一八）年の米騒動から始めているのはどうか。

米騒動は、ロシア革命を背景とする米価暴騰を実力で阻止せんとした富山の女性労働者の示威行動が、全国一道三府（当時東京は都ではなく府）三七県へ飛び火し、神戸では総合商社鈴木商店本社や新聞社が焼き打ちされ、宇部の炭鉱では鉱夫がダイナマイトで官憲と交戦して死傷者が出るなど、各地で暴動の嵐が吹き荒れた。参加者は全国で数百万に及んだ。一〇〇以上の市町村で一〇万を超える軍隊が出動して鎮圧し、二万五〇〇〇人が逮捕、死刑二名、重罪七十名余に及ぶ。

五野井氏はしかし、この米騒動について、富山の女性たちが暴動を起こさず非暴力の交渉で米半額販売を実現させた点を中心に記述する。そして、以後の大衆運動は暴動化したために、政府に報道統制の口実を与えてしまったといいたげな筆致でわずか行数触れて終わりにしている。

つまり平成の脱原発デモの非暴力性を高く評価し、六〇年代の学生運動デモが暴力化して支持を失ったと批判する氏の史観を、大正期へ反映した叙述なのだ。これはこれで一つの見識ではある。

しかし氏は、その上で、米騒動で「直接行動によって政府を動かした」「大衆」を無視できない時代が到来し、大正デモクラシーの幕が開いたと評価するのだ。

それならば氏は、米騒動の成果のうち、平和裡に実現した米価引き下げのみに触れて済ますべきではあるまい。全国的大暴動は鎮圧されたが、あらゆる野党やメディアの批判にも動ぜず強権的政治をほしいままにしていた寺内正毅軍閥内閣は、ついに退陣する。そして平民宰相・原敬による最初の本格政党内閣が誕生するのである。だが、氏はこれを完全にスルーする。

米騒動最大の成果は、米価よりも何よりもこの政権打倒と体制変革だった。そして、この効果を理解するには、その四年前の大正政変、さらには日比谷焼き打ち事件ほか明治末まで遡る都市民衆騒擾期、すなわち暴力を背景とした群民示威運動の歴史を視野へ入れる必要があるだろう。藩閥軍閥は「実力」に怯えたのだ。

ところが五野井氏郁夫の『「デモ」とは何か』には、米騒動以前のこれら「デモ」は全く記述されていない。

たとえ否定するにしても、この記述を欠いた五野井大衆運動史観が、昨今リベラル・メディアによる脆弱なデモ礼讃報道と相まって、反戦脱原発デモの弱さを看過し勝機を逸する遠因とならなければよいが……。

第二章

# バーチャル

## ——政治的敗者はいつも文化へ逃げる

「例えば、デモに加わるのが現在では一つの政治的な行動と考えられている。併し或ることに反対してデモを行い、そのことを取り止めさせるのに失敗するならば、そのデモも政治的には失敗であり、政治であることを得なかったものを政治と考えることはできない」

「(略)反対することを宣言して、その要求が貫けなかったものは、或ることを取り止めさせるのが政治上の目的だった限り、政治に失敗し、政治的な行動に出たと称する資格をなくしたのであって、次になすべきことは、もしそれまでの考えが変わっていないならば、再起を策することの他にない」

「増して、何かに反対してはその度毎にその要求を貫くことに失敗し、それでもまだ何かに反対するのを繰り返しているなどというのは、政治以外の立場から見てどれだけ立派なことだろうと、政治的な行動とは呼べるものではない」

——吉田健一「知識人と政治」(『日本に就て』ちくま学芸文庫)

――では、脱原発や安保関連法反対の運動が安倍自公政権に勝てない第二の理由についてお聞きしたいと思います。

「デモのある社会」となったからデモには意味があったという柄谷行人氏の発言、デモの「効果測定」をしても楽しくないからやらないという小熊英二氏の回答、大規模デモが成功しただけで大勝利だとした想田和弘氏のツイート。

あなたはこれらを例として、脱原発や安保関連法阻止という目的で参加した人々を欺瞞していると批判された。

しかし果たしてそうでしょうか。

柄谷行人氏は、日本社会が大きく変わればその一環として原発もすべて廃炉となると考える社会思想家です。デモのある社会の実現はその一歩であり、脱原発を願う人々を何も欺瞞してはいないでしょう。

小熊氏も、「効果測定」をやるよりは今はデモの楽しさを持続させたほうがよいと戦術的に情勢判断したまでではないですか。

想田氏のツイートは、大規模デモ直後のものであり、スタッフや参加者へ、大成功でした、皆さんお疲れ様という挨拶的なものと思われます。

いずれも原発や安保関連法など実はどうでもいいと考えているわけではない。すなわち、あなたの批判は、言葉尻を捉えた揚げ足取りでしかありませんよ。

**浅羽**　なるほど。わかりやすい例をまず挙げてみたのですが、それだけでは問題点をえぐったとはいえなかったようです。

私が、脱原発・安保関連法反対のデモ等を支持する彼ら知識人・文化人の言説になぜ欺瞞を感じたのか。

## †敗北の自覚から出発すべし

**浅羽**　原発即時全廃も将来の原発ゼロも再稼働ゼロも実現できなかった。安保関連法成立も止められなかった。

だったらまず、この敗北の現実を直視して引き受ける。そして、どこが誤っていて勝てなかったのかを、可能なかぎり明らかにして、明日勝つための展望を示してほしい。

それが、デモその他の抗議反対運動へ参加したり期待したりした人々の基本的な思いではないでしょうか。

なぜ敗けたのか。どうすれば次は勝てるのか。

この当然にして単純な問いかけへ、デモができただけでもう勝利だろうとか、せっかく楽しいのだから効果があったかなど考えたくないとか応答されたら、やはりはぐらかされたという思いが拭えないのではないでしょうか。私が欺瞞を覚えたのは、ここです。

まず、敗北をはっきりと確認していただきたい。

――ちゃんと確認していると思いますけどね。

『SEALDs 民主主義ってこれだ！』（大月書店）巻頭の奥田愛基氏のアピールは、四行目から「もちろん、この法案を止められなかった力不足を感じる。敗けは負けだし、やっぱりシンプルに勝ちたいと思う。「#本当に止める」ためにやっている。それはまったくブレない」、「現状を引き受け、もう一度やる覚悟が僕たちにはある」と、明言していますよ。

野間易通氏も『金曜官邸前抗議』で、「しかしいくら声を上げても、官邸に罵声を浴びせても、そして現地でゲートに身体を縛りつけても、大飯原発はあっさり再稼働されてしまったし、規制委員会人事も法の抜け穴を利用するようなかたちで決定してしまった。成果からすれば、何ひとつ具体的に勝ち取ったものはなかったかもしれない」と謙虚に認めています。

**浅羽**　奥田氏はたしかに敗北宣言をしていました。

「勝つ」「止める」の線でブレないと自己確認し、「現状を引き受け、もう一度やる」という展望も頼もしい。

しかし、です。そんな濁りなき明言で始まる『SEALDs 民主主義ってこれだ！』も、読んでゆくと奥田氏の巻頭アピールから少しずつ論旨が後退してるとしか思えない。

社会運動がいったん敗れたとき、そこを踏まえて再出発しようという至極まっとうな決意が、どこから濁りはじめ、違う何かへとすり替わってゆくのか。

奥田氏の発言は、これまで無数に繰り返されてきた経緯をリアルタイムで観察している感がありました。

野間氏のは巻頭ではなく最後の章でしたね。総括です。氏は、何も勝ち取れなかったといいながら、だがしかしと思索をめぐらせている。開沼博氏のようなデモへの懐疑派の言説にも真摯に真向かいながらです。

それでも行き着いたところは、やっぱりある種の問題のすり替えではなかったか。

**――どのような「すり替え」があったというのでしょうか。**

**浅羽**　とりあえず、奥田愛基氏ほかの『SEALDs 民主主義ってこれだ!』上での発言を見てみましょうか。

巻末近くに、奥田氏と高橋源一郎氏との対談が収められていました。そこで高橋氏は、「もっとも典型的な批判、今回の運動では「本当に止める」と言って阻止を掲げたにもかかわらず、法案は止まらなかった。だから、政治的には負けではないかという」「けっこう強くある」声へ、どう答えるかを奥田氏へ問うのです。

奥田氏は二つ答えています。

一つ目はいささか抽象的です。議会というアリーナ、ルール上の戦いは負けたけど、「われわれ自身が主権者になるための闘いだという意味では、いまも延長戦のさなかにある」というのです。要するにまだ負けてないということかな。

二つ目は、かなり具体的ですから、こちらから考えてみましょうか。

奥田氏は、「何もしなかったらどんな現在だったのかと考えてみる必要があると思うんですね。強行採決の時期もはるかに早かっただろうし」といわれるのです。すなわちデモには、法案成立を遅らせる効果があったと。

## †負けを勝ちだとはぐらかす技を伝授する高橋源一郎

**浅羽**　そして高橋源一郎氏は、こちらの答えを引き取ってデモ無効論への反論法を伝授しています。

法案成立で勝ち負けをいうのは意味がない。「もしも反対運動が起こらなければ、法案は何の問題もなく施行できてしまう。逆に大きな反対運動が起きると、当局は、その法律の運用に慎重にならざるをえない。だから反対運動が強ければ強いほど、その法案の実効性は失われていく」。

これを高橋氏は、丸山眞男が一九五八年、破壊活動防止法について触れた講演「政治的判断」を紹介しつつ教えているのです。

昭和二〇年代、火炎瓶を投擲するなど戦闘的デモで死傷者を出したり、交番テロを行ったりしていた日本共産党の取締りのため、与党自由党が提出した法案が、破壊活動防止法（破防法）です。人権抑圧の危険大とする大規模な反対にもかかわらず成立しましたが、共産党へ適用されることはなく、右翼クーデター未遂と中核派の暴力デモへ適用されたくらいで、オウムへの適用も見送られた件を、丸山眞男は想定しているのです。もっとも丸山が講演したのは、破壊活動防止法成立のまだ六年後ですが。

## †反対デモは昭和の安保政策へ影響を与えたか？

**浅羽**　破防法の共産党への適用が控えられたのが、丸山眞男が説くように反対運動のおかげだったといえるかは微妙ですね。

まず、安保関連法の自民党案が政権与党の公明党の反対で修正されたように、破防法も自由党案が、国会審議の段階で、参議院緑風会など中間派の圧力によりかなり骨抜きにされた上での成立でした。それに、成立時には、共産党の暴力闘争方針はすでに行きづまり、テロなどは激減していたのです。さらに三年後、共産党は方針を全面転換して、議会中心に平和裡に活動する穏健な政党へ生まれ変わります。

ですから、反対運動がさほどでなくとも、破防法はやはり適用されなかったかもしれないのです。

つまり、どちらともとれる事案なのですよ。

奥田愛基氏は、「日本が七〇年間、一人も戦死しなかったのはずっと声を上げてきた人達がいたからなんだなと今日思った」と反安保関連法デモがピークとなった二〇一五年八月三〇日、デモの相当部分を占める中高年の年季の入った参加者たちについて、語っていました。高橋氏や丸山眞男の見解を踏まえた発言ですよね。

しかし、です。日本の再軍備が整えられ、破防法が通り、日米安保が固められてしまったのは、火炎瓶デモや警察との乱闘があり、労組や共産党が前面に出る敷居の高いデモへさえ、非常に多くの普通の学生や市民が参加した六〇年安保闘争の頃なんです。

ひるがえって一九七〇年代末から、一九八〇年代、バブルとその崩壊、一九九〇年代にかけての時期は学生運動も衰退して、デモや社会運動がもっともダサいと感じられ、若者たちはスキーやブランド・ファッション、車や海外旅行に夢中だった時代です。

だからといってこの時期、日本を戦争する国へ向かわせる政策が大推進され、法案がすいすい通ったかというとどうでしょうか。

一九七〇年代末頃、自民党が推進した有事法制は、通らなかった。戦後政治を総決算して日本を不沈空母にと中曽根康弘政権は叫びましたが、防衛費GDP一％枠をわずかに破っただけ。平成初頭、湾岸戦争を受けての自衛隊派兵は潰れ、PKO参加法案は、三度の国会を経てやっと成立しました。

むろん反対する人たちもデモも多少はありましたが、六〇年安保闘争前後の国民的盛り上がりもなければ、脱原発や安保関連法反対のような多くの若者の参加もなかった。学生は、おしゃれやオタクで忙しく、学生運動の世代は働きざかりで、子育てとローン返済の真っさかりでしたからね。

すなわち、デモが盛んだった時代に政府は安保法制を積極的に進めて、静かだった時代には慎重だったのです。

**日本の安全保障は、ほとんど全てが冷戦の動向、ようするにアメリカの意向で大半が決まっており、憲法九条や反対運動が本当に歯止めとなっていたのかはなんともいえないのではないか。**

## †来るべき自衛隊員戦死をSEALDsはどう受け止めるか

ですから、安保関連法が認めた集団的自衛権の行使や駆けつけ警護が、ほとんど使われないまま何年も経っていったとして、それはSEALDsほかの反対が効いたのか、それとも、アメリカの都合で、自衛隊への助力要請がさほど来なかっただけか、わからない。あるいは、安倍自民党は、自衛隊員の戦死者が自分の政権で出ては火消しが大変なので、危険な海外派兵は当分しないという密約をアメリカと結んでいるのかもしれません。

逆に、安保関連法へのSEALDsほか反対派の危惧が的中して、派遣した自衛隊が戦闘に巻きこまれ、数十名とかの死傷者が出たとします。

そのとき、SEALDsほかは、デモの無力を省みて、敗北宣言とかするのでしょうかね。それとも、だから言わんこっちゃない、われわれの警告は正しかったとその時こそ訴えますかね。

まさかと思いますが、われわれが国会へ一二万人を集めて反対したからこそ、これくらいで済んだのだ。あれがなかったら、日本はもっと積極的なアメリカの尖兵を務める軍事国家と化して、数万人は戦死しているだろうとかいったりして。

ちなみに、破壊活動防止法についての丸山眞男発言はですね、成立後ほとんど適用されない点を捉えて、あんたら大反対してたけど、そんな怖い法律じゃなかったじゃんという批判に応えたものなのです。ちがうよ、逆だよ。我々が大反対したからこそ政府与党も適用できないんだと丸山は切り返した。

もし破壊活動防止法が、共産党の取締りなどへばんばん適用されてたら、ほらだから成立許しちゃいけなかったんだと丸山眞男はいったんじゃないかな。自分たちの反対運動の無力さは棚にあげてね。

**――はあ、何が起こっても、自分が正しいと言い募れる仕組みとなっているわけですか。**

**浅羽**　そうなのです。丸山眞男という人は、人を乗せて言いくるめるのがたいへん巧みだった。私は一度だけ講演を聴いたことがあるのですが、アジテーターとしての見事な腕前にしびれましたね。気がついたらもう夢中で拍手していた。

そんな人物が講演でちょこっと触れた詭弁術が、いま高橋源一郎氏を介して、SEALDsへ古今伝授されようとしているのです。

**――そこまでいいますか（呆）。**

**浅羽**　いいますよ（笑）。そういえば、鶴見俊輔に久野収との共著『現代日本の思想』という岩波新書があります。

「日本の唯物論――日本共産党の思想」という章を読むと、高橋源一郎氏が丸山眞男を継承して奥田愛基氏へ古今伝授している反論法が、戦前の共産党まで遡る由緒正しきものであるのがわかります。

## †鶴見俊輔が発掘した共産党のぶっとび詭弁

日本共産党は、選挙のたびに「どんな結果からでも、共産党が勝ったことを力説する論法」を採ると鶴見俊輔は揶揄して、こんな抱腹絶倒な例を挙げるのです（六七－六八頁）。

戦前の衆院選で、政友会と民政党という当時の二大政党が五分五分で引き分けた結果が出た。むろん共産党など存在も許されない時代です。しかし共産党機関紙「アカハタ」は、こんな「勝利宣言」をしています。

いわく、支配階級は、二つの党派を示して人気のあるほうを選ばせ、そちらへ強力な政治をやらせるつもりだった。しかし票が真っ二つに割れたというのはその意図が労働者国民に見抜かれ見事に外されたということだろう。支配階級は敗れたのだ！

モノは言いようもここまでくるとほとんど不条理ギャグです。そして、鶴見俊輔は「検証可能性」という問題を提示する。

鶴見は、「これこれの目標をめざしてこれだけの力を投入して見れば、何年のうちに部分的にこれだけの成果が上がるだろう」というふうに、「検証可能性領域」へ引き戻した思索や議論が共産党にはないと指摘します。この場合の共産党は、昭和の革新政党・進歩陣営にも、いまのリベラルにも置き換え可能です。

鶴見は、勝ったといわれればそう思えないこともないような言い逃れを少しでも封じたくて、こう提唱したのでしょう。

――古市憲寿氏が小熊英二氏へ聞いた、「デモの目的を定めて「効果測定」をしてやっていかないと意味がないじゃないですか」という問いと全く同じですね。冒頭（一二 - 一三頁）で引用されてましたが。科学哲学者カール・ポパーが、正しい科学的仮説の条件とした「反証可能性」も連想させます。

**浅羽**　ええ。ポパーが怒りそうな素朴すぎる議論ですけどね。プラグマティスト鶴見俊輔は、ハーバードでパースの論理哲学などを学んでますから、論理にはうるさいのです。

――『SEALDs 民主主義ってこれだ！』の高橋・奥田対談でも話題となっていましたが、原発は再稼働されてしまったけれど、それでも二基で止まっており、再稼働時期も相当遅れたのは、やはり「強い反対があったからこそ」だと高橋源一郎氏はいってます。

これも、「検証可能性」を外したどうとでもいえる弁明ですか。

**浅羽**　脱原発運動と伴走してきた社会学者・小熊英二氏なども、デモの効果如何という問いが出ると、原発は現に停止していると答えられてますね。

### †原発は反対運動で停止したのか

**浅羽**　原発停止はその通りなんだけど、それが二〇一一年の高円寺や新宿のサウンドデモ、翌年の金曜夜首相官邸前抗議の効果かといわれると、どちらともいえるとしか答えられないんじゃないか。

『金曜官邸前抗議』を著した野間易通氏は、「「デモで原発は止まるのか?」と問われれば「わからない」と言うしかない」とクールに答えています。

原発を一つでも多く早く稼働させたい電力会社や財界の圧力に最前線で抗して、再稼働を押しとどめているのは、民主党政権の置き土産、厳密な新基準を掲げた原子力規制委員会でしょう。だからこそ安倍政権は、デモ規制などよりも委員会人事を握るほうへ血道を上げていました。

さらに言うなれば、**原発を止めたのは、デモでも署名でもロビイングでも選挙でもなく、まずは福島第一原発の事故です。要するに津波ですよ。**反原発運動は半世紀前からあって、昭和末にはチェルノブイリの事故をうけて書かれた広瀬隆氏の『危険な話』ブームで相当な盛り上がりを見せた。しかし、一つとて停止なんかさせられませんでしたから。

「検証可能性」という観点からは、二〇〇七年の新潟中越沖地震で被災・破損し、停止したままの柏崎刈羽原発の例が興味深い。原発再稼働には、立地自治体すべての同意が必要です。ところが日本は、自治体が二重行政となっている。都道府県と市町村の二階建てですね。だから立地自治体は二つあって、知事と道県議会、市町村長と市町村議会の同意が必要です。市町村は原発がらみの雇用と税収がすべてのところばかりですから、不同意はありえない。道県はそこがやや異なります。だから電力会社は、周到に寄付金を知事や議員へ流したり、道県庁職員の天下りポストを用意したりして万全の態勢で臨んでいます。[1]ところが新潟の泉田裕彦知事は硬骨漢で、なかなか同意へ動かず、厳格な安全確認をどこまでも要求する。

東電はとうとう、通常の倍の安全システム提供を約束しなくてはならなかったそうです。[2]これなどは、どのような抵抗をしたらどこまでの効果が得られたか、つまり「効果測定」「検証可能性」のモデル・ケースとなる事例だと考えられます。

――ずいぶん地味、というかささやかですね。

**浅羽** だから信頼できる。願望がらみの推測がはいる余地がすくないですからね。この場合、やはり原発行政を批判していた福島の佐藤栄佐久《えいさく》元知事みたいに冤罪めいた汚職摘発で葬る手を使えなかったのは、やはり3・11以後ならではでしょうか。

しかし、再稼働を止められたかとか、安保関連法成立を遅らせたとか、破壊活動防止法適用を抑制させたとかならば、まだ「本当にそうか？」と、「検証可能性」を考えさせる具体性があります。

デモなど社会運動の効果をめぐるすり替えやごまかしのなかではまだまだましなほうでしょう。

——もっとひどいすり替えやごまかしがあるのですか。

**浅羽**　ありますね。

高橋源一郎、奥田愛基両氏や丸山眞男の場合、少なくとも、安保関連法とか原発とか、破壊活動防止法とかの阻止目標から話が離れてはいない。阻止や全廃ができなかったから、使えなくしたとか遅らせたとかへゴールポストを後退させているだけですから。

しかし、いつのまにか目標を別のものへとすり替えて、そちらを基準にして、負けていない、むしろ大勝利だ、意義ある闘いだったなどと言い募る論法がまま見られますから。

——冒頭で引用された柄谷行人氏の「デモは社会を変えた。デモのある社会ができた」という類でしょうか。

しかし、先ほども疑問を呈しましたように、柄谷氏は、日本がデモのある社会へ変われば、原発全廃へより近づくと考えているわけですから、すり替えとはいえないと思いますが。

1——二〇一五年一〇月一一日付「東京新聞」朝刊など。
2——天野健作『原子力規制委員会の孤独』エネルギーフォーラム新書。

†脱原発デモを「デモのある社会」実現の「手段」としたカント主義者

**浅羽**　なるほど。しかし、果たしてそうでしょうか。柄谷氏は、資本制の現在と将来をめぐって壮大な理論を唱えておられます。

植民地支配や技術革新ではもう儲からなくなった現在、盲目的な資本がそれでもさらなる膨張をしようとあがく結果、エネルギー資源を求める闘争が激化してゆく。日本の原発は、やはり資本がここ数十年間儲けるために後先考えず作ったものであり、また国家が核兵器を保有するための隠れ蓑でもある。

この資本の金儲けへの自動運動を止めたいのならば、資本に頼らず、自分たちで消費や流通を管理してゆく生協や地域通貨の運動を通して、国家や資本から自立した部分社会＝アソシエーションを生み出し、対抗してゆくほかない。デモが盛んになり人々がそこで新しい結びつきを知るのは、アソシエーションが新たに芽生えてくるきざしといえる。

だいたいこんなところでしょうか。違っているかもしれませんが、そんなことは今はどうでもいいです（笑）。

重要なのはですね、原発もデモも、柄谷氏にとっては氏の壮大な理論体系の一端へ位置づけられているという点です。

原発は、資本が儲けるためと国家が核武装をしたいため、建設され稼働されているとか。デモは、資本と国家から自立したアソシエーションが生み出される契機となるものだから大歓迎だとか。

この二つからは、あなたが言われたごとく、デモがある社会すなわち自立したアソシエーションが次々できる方向へ世の中が進めば、資本や国家は相対化され、盲目的な金儲けや戦争への動きにブレーキがかけられ、原発も全廃へ向かわざるをえないという図式が見えてきます。

これならば確かに、デモのある社会ができた先に原発全廃もあるわけですから、「デモのある社会」をデモの目的としても、原発全廃を求める人々の願いとつながってはいるでしょう。

## †信者以外にははぐらかしとなる柄谷理論

――だから、すり替えとか欺瞞とかはないと思われますが。

**浅羽**　本当にそうでしょうか。

ちょっと気づいてほしいのはですね、「デモのある社会」の実現という目標が、原発全廃という目標へつながっているというのは、あくまで、資本と国家の現在についての柄谷氏の壮大な理論を受けいれた場合の話に過ぎないという点なのです。

氏の理論を受けいれられない人、理解できない人は、原発をなくして欲しくてデモへ参加したのに、デモのある社会となったから、これでもういいんだと言われたら、本来の目標が実現できるのかという真摯な問いをはぐらかされたとしか思えないでしょう。

柄谷氏やその支持者は、素朴に原発の危険が心配な人たちのデモ行動を、自分たちの理想の実現のための手段として利用してると言われても仕方ないでしょう。人はみな目的として扱われなければならず、これを手段としてはならぬと説くカント主義を標榜する柄谷行人的にいって、これってどうなの？というのはまあ余談ですけどね（笑）。

あるいは、アベノミクスで票を集めて選挙で圧勝し、安保関連法を成立させた安倍政権と「デモのある社会」＝「原発のない社会への一歩」だというのは、どこまでも柄谷理論の信者限定のお話なのですよ。

どこが違うのでしょうか。

**――宗教みたいなものだとおっしゃる？**

**浅羽**　イエスは処女マリアが生んだ神のひとり子で最後の審判の日に再臨するとか、神はアッラーのみでマホメッドは唯一の預言者であるとかいう「理論」よりは、世界資本制は今後、そうなってゆくかもしれないなと私たちへ思わせるリアリティはありますけどね。

しかし、それでも一つの「世界観」であって、自然科学の法則のごときものではないでしょう。

将来、柄谷の理論みたいにはならなかったねといわれる日が来るかもしれないのですよ。

## †壮大な理論は検証可能性を遠ざける

**浅羽**　できれば今すぐ、危険な原発を止めてほしい、それは無理でも野田政権の「2030年原発ゼロ」のような具体的な約束くらいはしてもらわないと不安で仕方ないというごく普通のデモ参加者の切実な思いからすれば、デモのある社会がアソシエーションを芽生えさせそれが世界資本主義への抵抗となって結果、原発も……と「風が吹けば……」みたいなことといわれても、一体いつまでデモやって待てばいいのかという、うんざりするお話にしか聞こえないでしょう。しかも、もしかしたら、あれは間違いだったというか言をひるがえされるかもしれませんし。

柄谷理論が、どこまで正しいのか、それともきわめて高度に知的な言葉で装われてはいるが、結局、宗教の預言みたいなものなのかはわかりませんが、「検証可能性」がきわめて低いのは明らかです。壮大で抽象的な理論ほど、突っこまれたときの言い逃れは容易ですから。

柄谷氏は、３・11直後、原発事故はなかなか終息しないから、デモも一時的なものとならず定着して未来のアソシエーションの基礎となるとか説いておられた。実際お説のとおり、今でも原発事故は終息してませんが、残念ながら脱原発デモに往時の勢いはありません。予測ははずれた。あえて柄谷理論の側へ立ってみたら、しかし、それは表面的で、安保関連法反対のデモも「資本と国家」への異議申立てなんだから、そちらへ発展したのだ。大枠では外れていないとか何とか何だっていえる。将来、デモがすっかり消えたとしても、世界史的タイムスケールで見たらほんの一時的な沈滞期でしかないとかいえるでしょう。

原発の危険性だって実は予想に過ぎません。一可能性です。福島みたいな事故は例外で、二度と起こらないかもしれないのです。

しかし現に一度起こった。チェルノブイリの事故もあった。やってほしい対策も、再稼働するなとか廃炉にしろとか新設するなとか、壮大な歴史理論と比べたら、はるかに具体的ですよね。何基再稼働しちゃったとか、もんじゅは継続か廃炉かとか、勝ち負けや闘いの状況も具体的に見えますよ。先の泉田知事と東電との駆け引きはその最前線の火花が散るごとき攻防なのです。

――安保関連法反対はどうでしょうか。

**浅羽**　法案は可決された。その一点では明らかに負け。それが明確になるくらいには具体的です。次の闘いとして落選運動とか野党連合で統一候補を立てて政権交代とかを掲げるのならば、この具体的明確さはなんとか続くかもしれない。しかし、高橋源一郎氏の論法のように、成立した法律を使えなくするかたちで実は効果を生んでいるとか言い出すようになると、「検証可能性」はかすみはじめます。

ましてや、奥田愛基氏が「延長戦」として出す「主権者となるための闘い」となると、法案阻止や選挙の勝敗にかかわらず、われわれは主権者になれたのだとか近づいたのだとか、だから敗北したとはいえないとか、もう言い逃れし放題でしょう。

戦争へ行きたくなくて震えるからデモへ来た人たちが、「主権者になるために来た」のかは微妙ですし、主権者となれば戦争なんか止められるのだと説得されても、やっぱり「いつまでがんばって待てばいいのか」という疑問が出てきてしまいます。

ついでに言えば、フランス革命以来、アクティブな「主権者」というものは、戦争がしたくて身震いするものらしいですよ。

原発の危険ですら予測だといいましたが、安保関連法の集団的自衛権の行使容認や駆けつけ警護の肯定から、日本が戦争をすると予測するのはさらにずっと観念的な予測、「風が吹けば」なんとやらですね。

きわめて具体的な身の危険から始まっている脱原発とは違い、初めから、「世界観」の闘いをしていると思います。

## †「現実生活のリアル・ゲーム」と「世界観内のバーチャル・ゲーム」

――「世界観」の闘いって何ですか？　ウェーバーの言う神々の争いですか。

**浅羽**　ウェーバーのは、ある「世界観」と別の「世界観」との闘いですね。資本主義vs共産主義とかキリスト教vsイスラム教とか。

私がいうのはそれとはまったく違います。**多くの知識人、あるいは知識人のように物事を考えがちな人は、たいがい二つの世界を同時に生きています。リアルな現実生活世界**と**バーチャルな脳内観念世界**とです。ザインの世界とゾルレンの世界とか、実存の世界と価値の世界とかいってもよいでしょう。

原発問題でいえば、福島第一がメルトダウンを起こして事故は未だ収束していない現実がありますね。当然これはリアルな現実生活世界の出来事です。東京は多少離れているから、避難して仮設住宅へ入る必要はなさそうだ。しかし、放射性物質は飛来したようだから、子どもの健康を考えると不安があるなんて考えるのもまだ、リアルで現実で生活です。こんなに危険なものならば、原発はないほうがいい。少なくとも再稼働は止めてほしい。

このあたりもまだ「現実の闘い」でしょう。

以上は現実の生活の延長上でごく自然に出てくる思いでしょうが、しかし、すでにバーチャル脳内観念世界の闘いへわずかながら入り始めています。先に述べたごとく、次の原発事故はまだ可能性でしかないからです。

これがバーチャルな脳内観念世界ではどうなるか。

「原発」というものが世界全体のなかで意味づけされ価値づけされるのです。

先の柄谷行人氏に言わせたら、資本が盲目的に金儲けをするためにここ数十年で建設し、国家的には核兵器開発の準備をしている一例が「原発」です。氏は、こうした「資本と国家」へ対抗するのをよしとしています。「資本と国家」が悪、それに対抗するのが善つまり正義です。だから、「原発」は悪が繰り出す怖ろしい尖兵であり、君が正義の味方だったら、なくすため闘わなくてはならない。

これが私のいう「世界観」の闘いです。あるいは「世界観」内の闘いとか、「脳内の闘い」とかいったほうが伝わりやすいかな。

「原発は悪だから反対するのが正義」。ここまでは、子どもの健康が不安だから、原発を何とかしてほしいと、リアルな生活現実の次元で願う人々とほぼ変わりはありません。しかし、原発が再稼働せず、全廃が決まれば、人々のリアルな闘いは勝利で終わりましょうが、柄谷氏の「世界観」の闘いは終わらない。「資本と国家」というラスボスがまだ控えてますからね。

## †リアルな原発と意味《キャラ》設定された原発

**浅羽**　吉本隆明は柄谷氏と違い、原発推進派だった。氏のバーチャル脳内観念世界では、科学がいったん生み出した技術は、廃止・封印できるものではない。ゆえに人類は、科学技術を可能な限り発展させる歴史を歩んでゆくしかない。原発は危険であり、核廃棄物処理問題は全く解決していないが、廃止などは考えず、安全なものにしていく技術開発、廃棄物を何とかする研究を進めていくしかないといった考えです。

同じ原発でも、柄谷氏とはまるで違うキャラ設定ですね。

柄谷氏も吉本隆明も、現実に存在する「原発」とか「国家」とか「資本」とかを登場させていますが、現実に存在するありのままの姿とはすでに違っています。柄谷氏や吉本が、彼らのバーチャル脳内観念世界である思想大系内で活躍するキャラへと作り変えているからです。むろん、現実に基づいたキャラなので、まったくの虚構ともいえませんけれど。

歴史ものの小説やドラマなどでは、史上実在した信長や龍馬がよく登場しますけど、たいがい作者の価値観を反映したキャラ付けが加わってますよね。あれと近いかもしれません。

**――むしろゲームに近いですね。**

**浅羽**　おっしゃる通りです。だから私も、キャラとかラスボスとかバーチャルとか表現してみたのです。

現実の生活では、家庭や学校や職場で、他人と空間を占め合いながら過ごすもので、ゲームは自室へひきこもって、あるいはスマホ画面を見入って、ディスプレイ内限定でプレイするものとはっきり分離しています。

ところがやっかいなことに、**知識人たちには現実のデモが、リアルとバーチャルとの二重写しで見えている。**

平成のこの時代、龍馬や信長なら、リアルもすでに遠い彼方ですが、いま現在、目の前のリアルであるデモや原発事故や安倍晋三や安保関連法を、アイテムやキャラとして、リアルと同時進行のゲームをやってるわけです。

だから、知識人がデモの効果とか意義を語っていたら、リアルの闘いについての発言か、バーチャルの闘いについてかを見きわめつつ聴かないとまずいです。

**私がすり替えとかはぐらかしとかいってきたのは、リアルの闘いを念頭において問いかけているのに、バーチャルな闘いに関する答えを返してくるパターンがままあるからなの**

ですよ。

## †野間易通氏、小熊英二氏のバーチャル脳内勝利

**浅羽**　野間易通氏の『金曜官邸前抗議』は既に述べたように、第六章「金曜官邸前抗議は何をなしえたのか」で、「成果からすれば、何ひとつ具体的に勝ち取ったものはなかった」と率直に認めています。

しかしこれは、「何をなしえたのか」の章の一七ページのうち、ほんの数行だけです。野田政権の原発ゼロ方針への影響を語っている部分を含めたとしても、二ページくらい。これがリアルの闘いについての野間氏の総括の全てでしょう。

それ以外は何が語られているか。

組織でもなくプロでもなくリーダーに率いられてもいない普通の多様な人々が、何万人も集まってきたのはこれまでにない例であり、政府側もどう対応していいか、とまどったのではないかと思われる。デモがあることで、「日本の変わらなさ」との闘いが端緒についたかもしれない。高円寺や新宿での初期の脱原発デモの経験が、首相官邸前抗議へと継承され生かされている。柄谷行人氏のいう「デモのある社会」へと変わったゆえに、日本もようやく「民主主義では当たり前の社会」を回復できてきた。

こんな感じなのですよ。

これらは、野間易通氏やその周囲の人たちが共有するバーチャル脳内観念世界の（オンライン？）ゲームの中での話題でしょう。

原発が全廃できるかどうか、どこまで全廃へ近づけたかというリアル生活現実世界の闘いとは別に、どれくらい新しいか、とかどのくらいこれまでと違う社会運動が生まれたか、「変わらない日本」というラスボスの攻略法は見えてきたか、ほかのデモ等との関係はどうなのか、民主主義の価値観からいって自分たちの抗議はどれくらい評価できるかといった、社会運動家である氏が所属する業界内では共有されている脳内ルールに照らした自己分析ばかりなのです。

社会学者・小熊英二氏の発言もこれと似ています。

首相官邸前抗議がピークを迎えた夏が過ぎ、年末の総選挙で安倍政権が誕生した直後、二〇一二年一二月二二日付「朝日新聞」朝刊で、「この一年半、いろいろなデモに参加しました。創意工夫にあふれたプラカードや主催者の運営など、人々の成長は著しい。政治や経済の勉強もして討論もするからどんどん賢くなります。参加を経験し、自分が動くと何かが変わるという感覚を持つ人がたくさん出てきたことに希望を感じます」と、自分たちの陣営が自分たちの価値基準すなわち脳内ルールに照らして順当に育っているという自己評価を語っていました。

頭のよい氏は、すぐ続けて「運動の意義は、目先の政策実現だけではありません」と、リアルな生活現実世界での敗北をいいたてる人たちを牽制していましたけど。

ただし小熊氏は、脳内ルールに照らした自己評価ばかりをしているわけではありません。安保関連法反対デモが国会を取り巻いた翌日の東京新聞で、デモが報道されるようになり、野党四党首がデモへ来場してスピーチした点を捉え、二〇一二年の原発再稼働反対の首相官邸前抗議よりもよい方向へ前進したと語った[3]のは、メディアと野党という他者の目線を繰りこんだ客観的な自己評価ですから。

バランスが取れています。

## †SEALDsも「主権者」というバーチャルを語る

**浅羽**　SEALDsの奥田愛基氏が、高橋源一郎氏から、安保関連法案を止められなかったから負けではないかという声にどう答えるかと問われ、最初に発した「われわれ自身が主権者になるための闘い」の延長戦はまだ続いているという応答も、彼らのバーチャルな脳内観念世界の闘いへ話題をスライドさせたものです。

**「主権者」なんて、そもそもバーチャルな存在ですし、「主権者となる」ことがよりよい**

**ことだというのは彼らの脳内ルールにすぎません。**さらに言うと、彼らのいう「主権者」は、憲法学上の通説からすればずいぶん異端な解釈なのですが。この問題はエピローグの末尾を参照してください。

　奥田氏は、その延長戦への準備はけっこうできているとして、運動側の世代間の連帯、専門家じゃないからといって発言を躊躇しないようになった、デモに対する見方もものすごいマイナスなところからかなり変化してきた、などを挙げたうえで「そういう闘いでもあった」、「法案そのものとはまた別で、問われているのはずっと主権者としてのわれわれなんですよね」と、リアルな生活現実世界とまた「別」な、バーチャル脳内観念世界での闘いを語ってしまうのです。

　このように、バーチャル脳内観念世界の話へすぐ入ってしまう傾向は、今に始まったことではないみたいですね。

### †六〇年安保知識人たちのバーチャル脳内勝利

**浅羽**　六〇年安保闘争は、労働組合が組織的闘争を展開し、大規模なストライキを仕掛け

3――二〇一五年八月三一日付朝刊一面。

たりして、岸首相を退陣へ追いこみました。

しかし、日米安保条約改定はなんの傷もなく可決されたのです。

それゆえ敗北した闘争だったはずですよね。

ところが、六〇年安保闘争後、反対運動側で闘っていた人が書いた論説などを読んでみると、敗北してへこんでいる感じは見られない。むしろ自分たちの勝利に酔い、舞い上がっている。

この「闘争」の三カ月後に刊行され、以後三〇年も版を重ねた共産党系哲学者・古在由重の『思想とは何か』(岩波新書)は、当時デモに参加し興奮した高校生の素朴な作文を幾つも紹介して、「世代や階層のあらゆる障壁にもかかわらず、あの日々にはひろい国民層のうちにひとつのちからづよい共感がうみだされた」とし、「平和と民主主義の旗のもとにこの意想外なエネルギーが爆発したという事実の根底には、このような政治によって維持される今日の社会そのもののありかたへの反逆がひそんでいる」と断じています。

若者の声を拾うところとか、なんだか、二〇一五年夏、安保関連法反対デモの盛り上がりを讃える朝日新聞の論説だといっても通用しそうでしょう。

『思想とはなにか』には、「国民が選挙当日だけ、あるいは投票の瞬間だけの主権者ではなく、毎日毎時の主権者であることの証明」がデモなどの「請願」行動だという一節もあります。

これもまた、議会制民主主義なんだから民意は安倍自民党を勝たせた選挙で示されているとする、デモへの批判への反論として、よく見かけた論旨ではないでしょうか。

古在のような共産党べったりではない丸山眞男、竹内好といった戦後思想史に大きく名を残す知識人も、六〇年安保闘争を勝利と捉えたと、慶応大学教授の小熊英二氏は『〈民主〉と〈愛国〉』（新曜社）の第一二章で指摘しています。日高六郎、鶴見俊輔、久野収なども同様でした。

### †敗退を転進と言い換えた大本営発表に似て

**浅羽**　彼らはどうして、安保条約改定を阻止できず敗北した闘いでこんなに盛り上がれたのでしょうか？

多くの人がデモに参加したりして声を挙げる社会、民主主義が定着してゆく社会こそが素晴らしいという、彼らのバーチャル脳内観念世界のルールに照らして、安保闘争を価値づけたからです。

**彼らのルールでは、安保条約を阻止できるかできないかというリアルな勝ち負けよりも、反対運動が盛り上がり日本にデモのある社会が出現したという脳内バーチャルでの勝利の**

**ほうが、**はるかに価値があったからなのです。

小熊英二氏の『〈民主〉と〈愛国〉』には、デモなどの闘争の過程で実現した「秩序意識と連帯感」の圧倒性に比べれば、安保条約承認などごく小さいという丸山眞男の発言や、安保条約承認そのものは、五月から六月までの国民的経験にくらべたら小さな意味しか持たないから「勝利」だとする竹内好の総括などが紹介されています。社会学者・日高六郎も、「一九六〇年五月一九日」というエッセイで、安保条約成立を許し自民党政権も倒せなかったが、「運動参加者・支持者にとっては、失ったものよりも獲得したものがはるかに大きかった」という認識を直後に提示しています。

**安保反対だけが重要なのではない、個々人がデモで意思を表明した事実のほうが重要と考えた——**。この思考において、六〇年安保闘争を支持した昭和の知識人と、脱原発デモや安保関連法反対デモを称えた平成の柄谷行人氏、小熊英二氏、野間易通氏、奥田愛基氏らとは、思考の枠組みがほんとうに変わらないのです。

「「2015年9月19日」。安保関連法案は可決された。明け方まで続いた国会前での抗議。不思議とまったく悲壮感などなく、「こんなところで絶望するわけないだろ」って感じの。なんて言うか、みんな新年を迎えた朝みたいな、清々しい顔をしていた」と『SEALDs民主主義ってこれだ!』冒頭で記す奥田愛基氏にも似て、六〇年安保直後の知識人たちも、可決された改定安保条約を尻目に舞い上がっていたのでした。

『2015年安保　国会の内と外』では、「戦いに負けて勝負に勝った」というセリフも出てきます。映画『日本の一番長い日』（原田真人監督）では、本土決戦を怒号する陸軍軍人が、これとそっくりのセリフで日本の敗北を否定してました。**撤退を転進と言い換えた大本営発表は有名ですが、リベラルも全く同じでしょう。**『失敗の本質』（中公文庫）などに明らかですが、帝国陸海軍の脳内では敗北はありえなかったのです。

バーチャル脳内観念世界で闘っているから、リアルな勝敗はどうでもよくなってしまう。あるいはこれは、六〇年安保闘争どころか、戦前の共産党までさかのぼる彼らの性癖なのかもしれません。

鶴見俊輔が紹介したように、総選挙の結果、保守党一党が接戦で並んでも、これこそ「共産党の勝利」と言い倒してしまえたのは、当時の共産主義者たちも、リアルよりもバーチャルを生きていたからだと考えれば、納得できるでしょう。

### †源流は『共産主義者宣言』まで遡れるバーチャル勝利

**浅羽**　思えば、共産主義者をはじめ六〇年安保を支持したような知識人の多くが愛読してきたマルクスとエンゲルスによる『共産主義者宣言』に、こんな興味深い一節があります。

資本家たちが、労働者をできるだけ安くこき使おうとすると、労働者は団結してストライキを起こしたり組合を結成したりして、さまざまな闘いを挑むようになると論じた部分で、マルクス&エンゲルスはこう述べるのです。

「時に労働者が勝利することがあっても、ほんの一時的なものにすぎない。かれらの闘いの真の成果は、その直接的な勝利ではなく、労働者の団結のさらなる拡大にある」(金塚貞文訳)と。

リストラ阻止、賃上げ、職場条件改善などを要求するために労働者は立ち上がり闘う。当然、勝利したいでしょうし、勝利するためにこそ頑張る。しかし、マルクスたちは、彼らのそうした闘いはほとんど勝ち目は薄いといいます。そのうえで、そんな勝ち負けなど実はごく小さな意味しかないのだと訴えるのです。

そして本当に重要なのは、労働者のうちにひとつの力強い団結が闘争経験から育ってゆくことであり、それこそが真の勝利であると。いつの日か、ブルジョワジーを倒し、代わりに団結の経験を積んだ労働者の自治による共産主義株式社会を実現するほうが、マルクスにしてみたら真の目的だからですね。

**——マルクスも、あなたがいうバーチャル脳内観念世界ルールとやらでの勝利へと、リアル生活現実世界での敗北をすり替えてしまったとおっしゃる?**

**浅羽**　はい。マルクスの著作には、社会科学者の実証分析的側面と革命家の煽動的側面とが混在しているといわれますが、前者がリアル、後者がバーチャルです。

### †バーチャルはいつの日かリアルとして出現するのか

**浅羽**　『共産主義者宣言』発表の四二年後、一八九〇年のメーデーに刊行された新版へ、マルクスの盟友エンゲルスが書いた序文は、こう結ばれています。

「私がこの文章を書いている今日、ヨーロッパとアメリカのプロレタリア階級は、一つの軍隊として、一つの旗のもとに、一つの当面の目標、すなわち（中略）八時間標準労働日の法的確立という目標のために、そのはじめて動員された戦力の閲兵を行うのである。そして今日の光景を見て、あらゆる国の資本家や地主どもは万国のプロレタリアが今日実際に団結していることについて、眼をひらくであろう」（金塚貞文訳）

「万国のプロレタリア団結せよ！」という宣言末尾のバーチャルが、四〇年を経てやっと現実になった光景を目の当たりにした感動が伝わってきます。「ああ、マルクスが私と並んで立つことができ、これを自分の眼で見ることができたら！」と続きます。マルクスはこの七年前に没していました。

これは、リアルと同時進行のバーチャル・ゲームが、リアルへくっきりと侵入を果たした稀な例といえましょうか。それにしても、四〇年待ってやっと……。

柄谷行人氏なども氏のいうアソシエーションが、リアルへくっきり姿を現すときを、エンゲルスみたいに目の黒いうちに迎えたいのでしょうかね。

小熊氏や野間氏や奥田氏は、原発全廃や安保関連法阻止では敗北したけれど、デモ参加者の成長、デモのある社会の定着、デモへの意識の変化などを挙げて、バーチャルの闘いでの前進を確認していますが、あまりにささやかな兆しでしかないように思えます。それですら、ただの錯覚かもしれません。

しかし、四〇年とかのタイムスパンで考えたならば、これらが大きく育って、「我々がこの国の主権者になる」（奥田愛基氏）とか「（俺たちが）言うことをきかせる番」（野間易通氏）とかを、幾時代もの霞の彼方に、おぼろげにではなく顔と顔を向きあわせるごとく、誰の目にもくっきりと見られる日が絶対来ないとはいえません。

このくらい長期的なスパンでチェックするのならば、、バーチャルとリアルを「二重写し」とした闘いにおいても「効果測定」（古市憲寿氏）、「検証可能性」（鶴見俊輔）がまったくありえないわけではないのです。

**†「歴史的変動の予兆」「社会全体の変化」など誰にも検証できない**

**浅羽**　しかし、幾十年か後にならないと（あるいは、それだけの時間が経っても）、たとえば昨今の一〇万人参加のデモが、一時期のトピックにすぎなかったのか、それとも、大きな歴史的変動の予兆で、「大きな音だね」で済ませた野田首相は、小熊英二氏がいうように（『社会を変えるには』講談社現代新書、一七七-一七八頁）、フランス革命の幕が開いたバスティーユ襲撃の日、日記に「何もなし」としか書いていないルイ一六世のごとく、「社会全体の変化が読みとれ」ない政治家だったのか、それは誰にも検証不可能でしょう。**そのため、いくら敗北しても、そのリアルを直視せず、本当の意味では勝っていると言い募るすり替えを許してしまうのです。**本当の意味とは、すなわち「バーチャル脳内観念世界的には」ということで、つまりはファンタシーへの逃避となりがちなんですよね。

――リベラル知識人が、社会運動の勝ち負けをあいまいにしてはぐらかす手管はわかりました。原発や法案を止められるかという具体的な闘いだったのを、バーチャルな世界観のなかで描きだされた悪しき社会との闘いだったのだと抽象的なほうへグレード・アップする。

そちらへゆくと、脳内イメージの闘いだから、勝ったのか負けたのか、どうにでも解釈できてしまう、といった感じでしょうか。

でしたら、具体的な政策や法案を通すとか阻止するとかに限定して、闘ったほうがよいわけですね。

**浅羽**　デモの効果など具体的な社会運動の話のなかで、「原発を止めるには日本を変えなくてはならない」とか「格差や貧困をもたらしたのは世界資本主義システムだ」とかいった大きな話が出てきたら、ちょっと待てよと警戒したほうがいいかもしれません。

ゼロ年代に入って「反貧困」とか「反格差」とかが騒がれていた頃、そうした闘いを象徴するヒロインだった雨宮処凛《かりん》氏が、家賃が高いとか安定した仕事がないとかいう若者の等身大の怒りをぶつけるごく身近な運動をしていたはずが、どうすればいいか、何が問題かを理解ある知識人と議論してるとすぐ、世界資本主義システムがどうのこうのというとんでもなく大きな話へと飛躍していってしまう、どうしてそうなっちゃうのかと、しばしば愚痴っていたのを思い出します。

**――ほんとになぜそうなってしまうのでしょう。知識人が、あなたの表現では「バーチャル脳内観念世界」へ話をスライドさせたがるのはどうしてなのですか。**

**リアル生活現実世界レベルでの明らかな敗北をごまかして、負けたじゃないかという参加者や批判者の突きあげや攻撃をはぐらかすためなのですか。**

**浅羽**　まさか、そこまで狡猾な人たちではないでしょう。まあ、彼らが、「検証可能性領域へ引き戻した思索や議論」や「効果測定」を非常に厭うのは、彼らがもっとも苦手とする領域を思い出させられるからだと考えられますが。

この問題は、また第三章（二二七頁）で論じましょう。

**†リベラルは「セカイ系」で「中二病」である**

**浅羽**　彼らが何かというと、「バーチャル脳内観念世界」へ話をもっていきたがるのは、それ以前に、知識人の骨がらみとなった性癖なのです。

私がひそかに考えるにはですね、その理由は、彼らがセカイ系で中二病だからなんですよ。

**――なんですか、それは？**

**浅羽**　セカイ系の定義には、それこそ「おたく」各自の脳内価値観それぞれに応じてさまざまな説がありますが、雑駁にまとめてみます。

『新世紀エヴァンゲリオン』では、学園生活を普通に送る中学生・碇《いかり》シンジや綾波レイが実は特殊な体質の少年少女で、使徒という謎の敵が来襲すると、エヴァンゲリオンへ乗って、世界を救う運命を背負い闘いますね。あのアニメの大ヒット以後、それと同じように日常を生きる少年少女が世界の運命を担うという設定の物語が、アニメ、マンガ、ライトノベルなどで続々と生まれました。割合、知られた名作は『最終兵器彼女』とか『イリヤの空、ＵＦＯの夏』とかですかね。

日常を普通に生きる自分が、両親と暮らす長男で中学二年何組の生徒だとかいう平凡な社会的属性をすっとばして、地球なり宇宙なりを存亡の危機から救う戦士となる。

ここではそのくらいの理解でよいでしょう。

——はあ。それでは、中二病とは？

**浅羽**　本来は伊集院光氏が始めた揶揄らしく、中学二年生くらいで自意識に目覚めて、意味なく親や教師に反抗的になったり、かっこつけて洋楽聴いたり、マイナーなサブカル趣味を誇ったり、SEALDsに憧れて『ぼくらの民主主義なんだぜ』を読んだり。長じてから封印したくなりそうな痛い背伸びをする言動をいいます。

その症例のなかには、自分は実は「セカイ系」フィクションの主人公のごとく特殊な能力を秘めて人知れず世界の運命を負っている戦士なのだと思いこみ、それらしい言動で自己演出をするパターンもあるのです。

そんな主人公の痛くておかしい学園生活を描くコメディも、アニメやライトノベルでは人気です。たとえば、「中二病でも恋がしたい！」。ヒロインは小鳥遊六花《たかなしりっか》。『俺の妹がこんなに可愛いわけがない』のサブヒロイン黒猫も中二病キャラですね。

——あー、そっち系の話はもういいですから。

で、それがデモなどを支持するリベラル知識人とどう関係するのですか。

**浅羽**　わかりませんか。そのものじゃないですか。

彼らは、リアル生活現実世界を生きていながら、バーチャル脳内観念世界をそこへ重ねて日常を送っている。

**バーチャルのほうでは、たとえば平和国家で民主主義の日本が存亡の危機にあるのです。そして、自分こそがその運命を握る戦士＝リベラル知識人だと思っている。だから、エヴァの使徒みたいな敵、たとえば集団的自衛権を容認する政府が繰り出した安保関連法案などが来襲したら、エヴァへ乗りこんで、もとい官邸前とか国会とかのデモへ参加して闘います。**

だが、個々の勝ち負けは実は重要ではなくて、それらの闘いで日本が「デモのある社会」となり、「われわれが真にこの国の（具体的な）主権者にな」ってゆくという「憲法補完計画」が秘かに進行していて……。

――わかりました。怖いからそのくらいでいいです。

**†これが通ったら日本はおしまいだ！を繰り返すオオカミ少年**
――しかし確かに、リベラルの知識人や朝日新聞などメディアは、「この法案が通ったもう日本はおしまいだ」とか「この選挙で自民党が勝ったら日本の民主主義は死ぬ」とか、目の前の闘争

の勝敗が、わが国の運命の分かれ目であるかのようにいつもおおげさに誇張して訴えますよね。

**浅羽**　でしょう？　この奇妙なテンパり癖については、福田恆存が一九六〇年一月の論考「進歩主義の自己欺瞞」ですでにずばり指摘しています。「たとえば、今日まで彼等が行つてきた抵抗運動の特徴だが、一々例を挙げるのが煩しいほど、その度ごとに、これに失敗すれば、何もかも御破算だといふ身ぶりをともなつてくりかへされてきた」「そのかはり、時期が過ぎれば、なんのことはない、忘れたやうにケロリとしている」。どうです？

**——なるほど、しかし彼らにしてみたら、多少大げさに危険を訴えてでも、なんとか世論を動かして、法案を阻止し、改憲や軍備増強にブレーキをかけなければという戦略だとは思いますけど。**

**浅羽**　うーん、本当にそうですかね？

実例を挙げてみましょう。

二〇一五年七月一八日付「産経新聞」の「産経抄」（朝日の「天声人語」にあたります）は、朝日新聞から以下のようなフレーズを引用してみせました。

①「事実上の「解釈改憲」」「憲法の平和主義路線の根本的な転換」、②「長く続いてきた戦後の体制が変わる」「日本が次第に軍事を優先する国に変わっていくのではないか」、③「憲法の根幹である国民主権と三権分立を揺るがす」、④「民主主義が、こうもあっさり踏みにじられるものか」、⑤「民主主義、立憲主義がこのままでは壊されてしまう」「70

年前の教訓と民主主義に別れを告げようとしている」。

二〇一五年の七月といえば、ちょうど国会で安保関連法案の審議が進み、デモが参加人数を激増させていた頃ですね。ですから、読者誰もが安保関連法がらみの記事だと思うでしょう。しかしそれは⑤のみ。①は二〇年以上前、PKO協力法に反対した記事、②は一〇年前、第一次安倍内閣が、防衛庁を省へ昇格させた時のもの、③は二年前、特定秘密保護法への批判、④は前年、集団的自衛権行為容認が閣議決定された際の記事からなのです。

いったい何回、「根本的転換」や「根幹を揺るがす」や「あっさり踏みにじられる」や「壊され」「別れを告げ」るを繰り返すのでしょうか。

「産経抄」は朝日を「オオカミ少年」に喩えていました。

まあ産経新聞に代表されるタカ派・保守派も、憲法を改正して戦争ができる自衛隊にして、できたら核武装も考えておかないと、ソ連が攻めてくるぞと冷戦期はずっと叫んでましたし、冷戦終結後となると、このソ連を北朝鮮のテポドンとか南シナ海へ侵攻するチャイナ海軍へ替えて同じような警告をしたから、あんまり他人のことはいえないと思いますが。佐藤健志氏は、「保守派は（中略）一周遅れで左翼の真似をしている」と二〇一五年二月二七日のブログで指摘してましたけど。

ともあれ、朝日新聞が日本の民主主義や平和憲法を何度「おしまい」にしてきたかわからないのです。

産経新聞が、日本のよき伝統や日本人の美質を何度失わせ、滅ぼしたかわからないのと同様にです。

これでは、いくら危機を誇張して世論を煽っても、いいかげんバレてるでしょう。オオカミなんか来ないって。

**――ではなぜいまだにやってるんですか。**

**浅羽**　だから彼らは皆「セカイ系」の「中二病」だからですよ。

どちらかといえば反対したほうがいい、ちょっとタカ派な政策。人権侵害のおそれがないでもない法案。それくらいでも、「まあ、これで大戦争が起きたり、治安維持法みたいな弾圧が始まったりするわけはないけど、一応反対しておきましょう」と控え目にやるよりは、「一見ささやかだが、この一点が突破されたら平和は終わり民主主義は滅びて暗黒の時代が到来してしまう」、だからこの天王山を死力を尽くして戦いぬくのだ……という設定にしたほうが、セカイ系ヒーローの気取り甲斐があるでしょう。

## †「民主主義は死んだ」と「また始めればいい」のおかしさ

**――うーん、ほんとうにそれだけかなあ。**

そういった言説、「これで日本は終わりだ」とか「もう民主主義は死んだ」とかについて、SEALDsのメンバーが、「だったらまた始めればいい」と返して、けっこう評判を呼びましたね。ノンフィクション作家の保阪正康氏なども頼もしいと共感していました。[4]

**浅羽** バーチャル脳内観念世界同士が共振したんでしょうよ、御老体と。

しかしあのSEALDsの奥田愛基氏などの「返し」はなかなか興味深かったです。半分まではきわめて正しいと考えられます。

――半分までは、ですか。

**浅羽** そうです。これが可決されたら、だれそれが当選したら、日本は終わりだ、民主主義は死ぬといったレトリックが、聞き飽きた誇張の常套句でしかなく、誰も本気で聞いてやしない。それが現状です。ほんとに終わるの？死んじゃうの？なんてツッコミいれるやぼなやつはいません。

SEALDsは、そこを突っこんだ。新人だから怖いものを知らず、空気がよめないから、できた。それは誰かがやらなくてはならなかった「王様は裸だ」告発、タブー破りでした。

しかし、よかったのはそこまで。その後はなんだかなあでした。

4――二〇一五年九月三〇日付「毎日新聞」夕刊。

## †脳内限定民主主義だから「死んで」も「また始まる」

**浅羽**　私が勝手に期待した以後の展開はこうです。

日本、まだあるじゃないですか。民主主義死んだっていうけれど、複数政党制で誰でも立候補できる普通選挙もちゃんと行われているし、政治的言論の自由もあるし、世界水準で考えても民主主義じゃないですか。

さらにこう突っこんでいたらどうだったか。

終わる危機を迎え、終わっちゃったのは、言ってる本人が脳内ででっち上げた、こうでなくちゃならない「バーチャル日本」だけ、「バーチャル民主主義」だけでしょう。リアル日本は、厳然としてある。終わったと言ってる人もその現実日本で変わらず生活続けてます。リアルに終わったなら、あんた今頃は難民ですよ。

死ぬ危機を迎え、死んじゃったのは、言ってる本人の脳内にしか存在しない、こうあるべき理想の民主主義だけでしょう。ここでも福田恆存を引用するならば、戦後日本では「観念において進歩主義者で」あることで「居心地よく生きられる」「さういふ気分」があるのです。私の言葉でいえば、バーチャル脳内観念としての理想民主主義がこの「気分」ですね。終わって死んだのはこの「気分」だけで、欠陥や問題を抱えてはいても、国民の多くがまあいいかと思って運営しているリアルな民主主義は、厳然として動いています。死んだとか言ってる人も、その恩恵を受けているのです。

こういうふうに突っこめば、パンドラの箱が開いて、もう長らくセカイ系中二病まるだしで懸命になっていたオオカミ少年知識人のおかしさが白日の下にさらけだされたはずでした。

しかし、SEALDsの人たちもまた、そのバーチャル脳内観念世界を継承しようとする人たちだった。

だから、バーチャルとの二重写しはいったんリセットし、リアル生活現実世界という地面へ足をつけ、あらためて世界を見渡してから出直そうとはしなかった。ようやく開いたパンドラの箱はすぐ閉じられてしまったのです。

その結果、彼らが次に発した言葉は、「終わったのなら、また始めよう」だったのです。

今までだって、福田恆存の指摘した通り、「終わった」「死んだ」といっても、ほとぼりが冷めた頃、またけろっとして新しい危機を見つけ、これが阻止できなかったら日本も民主主義も今度こそ終わる、死ぬと、「また始めて」は、元気盛り返してきたんですよ、リベラルの人たちは。何度も何度もね。福田恆存はこれについて、「その点だけは彼等の姿勢はつねに前向きであった」と皮肉っていました。

ただ、前の闘いや敗北の後、世の中何も変わらなかったとかは、「終わる」と熱弁ふるった手前、とても言えません。だから、すべてなかったこととして言わない。これが暗黙の約束として、こっそりと「また始め」ていた。

SEALDsは、そこをはっきり言ってくれた。そこだけは違う。

タブーにしてきたゆえの胸のつかえが下りた人もいたのではないでしょうか。

**――しかし、それのどこがいけないのでしょうか。**

**何度も何度も「終わった」とか「死んだ」とか言いたてた大仰さはたしかに恥ずかしいかもしれません。でも、新しい問題――それがリベラルたちが言い立てるほどの危機かどうかはともかく――が生じたら、また抗議や反対の声を上げる。当然だと思いますけど。**

**浅羽**　なるほど。それはその通りです。

**†前の戦いを「けろりと忘れ」また始めるという不毛**

**浅羽**　私が先ほどから「どうかな」と考えているのはですね、「これで負けたら最後だ。終わりだ。死だと背水の陣で盛り上がる」↓「負ける」↓「**最後だ、終わりだ、死だと騒いだ点について全く反省せず、けろりと忘れる**」↓「ほとぼりが冷める」↓「また一から始める」↓「これで負けたら最後……」(以下同文)。

この「**反省せず、けろりと忘れる**」ところなのですよ。

**これでは何度闘っても、経験は生かされない。同じ闘いをし、同じ限界へぶつかり、同じ敗北を続けるでしょう。**

そりゃあ、デモの列を乱さない手際、ドラムやラップ、コールやスピーチといった手法は、数重ねるうちに手慣れてゆき洗練されてゆくかもしれません。

しかし、それらは例の「内輪」からのみ評価される進歩・前進でしかない。「**敵**」**に与えるダメージはちっとも増大していないのです。**なぜなら、戦術や戦略、武器はちっとも改善されないし、進化してゆかないのですから。

むしろ、最初は若い世代が主導した新手のデモの出現を知り、手強いかもと身構えた敵も、しだいに慣れて不感症となってゆくでしょうね。最初は全く新しいデモ形態ゆえ、何か起こるかもしれないと不安くらいは覚える。しかし、似たパターンがまた始められ繰り返されたら、最近のデモってああいうものだよねと片づけられてお終いとなりますよ。

もう、痛くもかゆくもない。

また、新たにデモに関心を持った人々が、なーんだ何度繰り返しても進展ないやと離れてゆきます。福田恆存は「そのたびに善意の第三者を失望させる」と評しています。

SEALDsのメンバーの発言には、すでにそうなると先取りしたものがあって、これには驚きました。

哲学や思想に深く通じているらしい牛田悦正氏が、『SEALDs 民主主義ってこれだ！』所収の座談会「「本当に止める」のフィロソフィ」で語っているものです。

安保関連法が強行採決される瞬間でも「どうせだめ」とは思わず、止められると確信してデモをする。次もその次も毎回毎回、「止められる」と思ってやってる。

そういう話題が出たところで、牛田悦正氏が、「確実に止められると信じていて、あーダメだ、みたいな」とまとめると、本間信和氏がそれを、「「いや、でもまだもう一度！」って」と受ける。すると、牛田氏はこう語るのです。

「ニーチェだよね（笑）。次で絶対に止める。「よし、もう一度！」って。俺は「Don't give up the fight」（あきらめるな）じゃなくて、「once again」が重要だってずっと言ってるんだ。「Don't give up the fight」って、すり減っていくんだよね。でも「once again」は1回終わって、ああーってなっても、「いや、でももう一度！」ってなる。毎回ゼロからのスタートだから」と。

## †語るに落ちた牛田悦正氏のニーチェ「永却回帰」の比喩

**浅羽**　これは、きわめて重大な発言であると考えられます。

まず注目すべきは、ニーチェの引用です。「よし、もう一度！」は、『ツァラトゥストラ』の有名な一節で、「永劫回帰」が説かれている部分で出てきます。宇宙の時間はループして、同じ人生、同じ歴史が、何度でも繰り返される。

ニーチェの永劫回帰は、何度も同じ人生や歴史を繰り返し、やり直し、修正はできません。失敗や間違いもそのまま永遠回、繰り返されるのです。それを知ってもなお、「よし、もう一度！」と思える強いやつをニーチェは「超人」と呼ぶらしいです。

さて、牛田悦正氏のニーチェ理解は正しいでしょうか。

牛田氏は、何度ダメでも「次で絶対止める」と信じて、「よし、もう一度！」と闘いを再開するのをニーチェだよねと喩えてますが、これはニーチェの永劫回帰とはちょっと違うのではないか。

ニーチェは、何度やってもダメ、次もダメで止められる可能性はないとわかってても、「よし、もう一度！」と受け容れる例を語っているのですから。

また、ニーチェの場合、「よし、もう一度！」と始める決意が自由意志でできるわけじゃないのです。全てあらかじめ決まっていて、望もうが望むまいが、また始めてしまう。同じ人生、同じ行動、同じ敗北しか待っていないのに、全く同じ時間が無限にループしてしまう。選択肢なき決定論なのです。絶望的でしょう。それでも受け容れるのが「超人」。

まあニーチェ理解の正誤はどうでもよろしい。異説もあるかもしれないし。
問題は、次なのです。

### †精神的リラックスにしかならない「ならば、もう一度!」

**浅羽**　牛田氏は、「Don't give up the fight」＝「あきらめるな」は「すり減ってゆく」と巧みな表現で否定します。そして、一回リセットしてゼロからやりなおす「once again」を推奨します。

なぜでしょうか。

私の乏しい読解力で理解したところでは、あきらめるなとは、これまでの「あーダメだ」という挫折感をひきずったまま、歯を食いしばって苦行僧のごとく持ちこたえる感じでしょうかね。

これではストレスが溜まって体力も気力も消耗してゆくばかりです。それを「すり減ってゆく」というのかな。

それに対して、「once again」は、毎回「ゼロからのスタート」、つまり過去の負けを引きずらないで、新たに始める。たとえ何度負けても、それを負け癖にしない、溜めこまない。

そう理解してみました。違うかもしれませんけど。

そうだとすると、これは決して新しいことではありません。

先に述べたように（本書一四八頁）、負けたら日本はお終いだと頑張って、いざ負けたらけろりと忘れ、ほとぼりが冷めたら、今度が初めてみたいな顔でまた始める。

しかしこのような心情を言語化したのは、牛田氏が史上初めてではないでしょうか。


**――先ほどは、そうした心情は内向きで、敵から見たら以前同様、痛くもかゆくもないと否定されましたが。**


**浅羽**　ええ。牛田氏のもその点では同じです。

たとえてみたらこうですよ。野球でもサッカーでもよいですが、弱小チームが強豪相手と戦うとします。

技量やパワーでも勝てるわけないのですが、それ以前に選手がびびって、がちがちになってしまっている。これはいかんとコーチが精神的リラックス法を教え、がちがちだけはなくなった。

牛田氏が言語化した「once again」はそのようなリラックス法でしかありません。それは「すり減っていく」よりはよいかもしれないけれど、実力の差はなんも縮まっていないのですから、強豪をまえに手も足も出ないのは相変わらずなのです。まあ表情は多少明るくなったかなというだけでしょう。

ついでにいうならば、近年のデモが楽しくかっこよくて新しいと持ち上げるのは、あのチーム、今シーズンからユニフォームがおしゃれになったし、応援やブラバンがいまどきの曲演奏したりでいいねとほめてるようなものですよ。

要するに、話題が自分たちの事情ばかりに終始してしまい、「敵」という「他者」がまるで視野に入ってきていないのです。

「Don't give up the fight」も「once again」も、どちらも畢竟、精神論でしかない。**必要なのは、「あーダメだ」となって、「よし！ もう一度」と再起動する前に敗因を逐一分析して、敵と味方、彼我の力量の差を正確に測定し、そこから目をそむけず、それでも勝てる手があるか、勝てなくとも確実に一矢を報いうる方法はあるか、まるでないのならば、どれくらいの長期計画を立てたなら、力量の差を縮めていけるのかなどなどを、クールに検証してゆく作業、これだけです。**

「あきらめるな」を、精神主義的がんばりの意味ではなく、こうした**次の勝利への合理的反省と試行錯誤を忘れるな**という意味で叫ぶならば、決して「すり減ったり」するはずはないのです。

——なんだかまた、一章で聞いたお話へ戻ってしまったみたいです。

しかし、本当にそれだけでしょうかね。あなたは、政治的な勝ち負けに拘泥し過ぎている。そんな気がしますよ。

――「言い続けることに意義がある」は本当か

――目にみえる敵へのダメージが仮にまったくなくても、「よし！　もう一度」で機会あるごとに、「憲法守れ」でも「戦争反対」でもとにかく言い続ける。

そういう思想、信念を抱いている者がこれだけちゃんといるのだというアピールになりますし、啓蒙的な効果もあります。

それだけでも立派に意義があると思いますけれど。

**浅羽**　「言い続けることに意義がある」ですか。

それって、昭和の昔、いまのいわゆるリベラルが、革新系とか進歩派とかいわれていた頃から、それこそ繰り返し耳にタコができるくらい聞いたフレーズですなあ。

しかし私は、「言い続ける」ことをそのまま意義あるものとする考え方は、きわめて悪しきものとして否定しますね。

けだし、思想を頽廃させ言葉を劣化させるからです。

――えらく文学的な表現ですな。わかるように説明してください。

**浅羽**　言葉を劣化させるというのは、あのオオカミ少年効果を想定して思いついた表現です。

薄っぺらになるとかのほうがよかったかもしれません。言葉の「信頼」を損うということ。要するに、**いつまでも実現しないスローガンだけが繰り返されれば繰り返されるほど、「憲法守れ」とか「戦争反対」とかの言葉への信頼は薄れてゆくでしょう。**

それが思想を頽廃させてゆきます。

## †「宗教」と区別がつかない日本の反体制運動

**浅羽**　わが国では、状況が変化してどれほど圧力を被っても、信奉する思想を捨てず曲げず守り通す人が立派とされてきた。どれだけ結果を出せたかよりも、どこまで信条を貫けたかが判断基準となる。清義明氏は二〇一五年九月一九日、ウェーバーの用語を用いて「心情倫理を抱きしめて」というブログをアップしていましたが。

戦前、治安維持法下のすさまじい弾圧に耐えて転向せず頑張った共産党員とかね。しかしそれでは、踏み絵を拒んで拷問にも屈せず殉教していったキリシタンと同じように立派だということでしょう。

だったら思想と宗教とは基本的に同じものです。それでいいのでしょうか。

私は違うと考えています。

**思想は、絶えず現実とぶつかってその正しさ、というよりも有効射程がどのくらいかとか、汎用性はどれほどあるかとかを検証され続けるべきだ。**そう考えています。

そして、**現実に生じた結果からのフィードバックによって、この思想は間違っているんじゃないかという疑いが生じたときは適宜、軌道修正を加えられて、より現実を繰りこんだ思想へ進化してゆく。**

しかし、言い続けることが大事だと言ってしまうと、現実からの負のフィードバックが拒絶され、挫折や失敗によって鍛えられながら、思想が成長し進化してゆく可能性が阻まれてしまうのです。

**——現実からのフィードバックって、具体的にはどういうものでしょうか。たとえば、昔のマルクス主義だったら、弾圧とかですか。**

**浅羽**　革命家への権力からの弾圧は、思想上想定内ですから、むしろマルクス主義が正しいと実証してくれる正のフィードバックではないかな。弾圧されるマルクス主義者を、労働者がまったく支持してくれないなどというのが、その思想が本当に正しいのかを考えさせるきっかけとすべき負のフィードバックでしょうね。

それでも正しさを疑わず、信念を曲げないぞというのは、思想を宗教と化して、成長なきものとするだけです。

**「言い続けることが大事」がまさしくそれで、「憲法を守れ」とか「戦争反対」とかがいつのまにか、南無阿弥陀仏や南無妙法蓮華経みたいになってしまっている。**

阿弥陀様や仏様なら、フィードバックに応じた修正など考えなくとも、百万遍も唱え続けていれば、かならずや聞きいれてくれるでしょう。しかし、思想の場合、取りこまなければならない将来の味方も、倒さなくてはならない敵も、我が強くて欲望を募らせた生身の人間ですからね。絶えずフィードバックを求めてそれに応じた工夫を重ねてゆかなくては、勝てませんでしょう。ところが、どうもこのフィードバックを拒もうとする人たちが多いですね。リベラルにも、保守にもですが。

よく反核平和運動などが子どもを使います。「へいわってなんだろう。ぼくはかんがえた」なんて詩を読ませたりしてね。子どもを政治利用する。エホバの証人みたいに。

あれは、批判封じですね。小学生の作文に目くじらたてて「頭の中がお花畑」なんて批判を加えるわけにもいきませんから。しかしそれでは、**他者からの批判というフィードバックが子どもバリアでブロックされてしまい、修正や成長の機会を見送ってしまう**だけです。

だいたい子どもの素直な感想なんてありえない。あれはどうすれば大人が素直と喜んでくれるかを熟知した子どもが書くものですからね。素直な感想が尊いというのなら、被爆体験の語り部さんを「死にぞこない」と笑った中学生、あれは素直じゃないのか。私には、「王様は裸だ」と叫ぶ声に聞こえましたけど。むろんこの場合の「王様」とは、老いた被爆者たちではありません。被爆者を楯にとって批判を封じてきた平和運動のほうですよ。

**†ここが微妙だよ、丸山眞男――「「である」ことと「する」こと」のおかしさ**

――話がずれ始めてますよ。

**浅羽**　すみません。戻しましょう。

思想が、いつしか宗教みたいに扱われてしまい、軌道修正の機会を失くしてゆく。

これを考えていたら、丸山眞男の「「である」ことと「する」こと」という有名な講演に少々問題があるのではないかと思えてきたのです。

――高校の教科書にも載ってた比較的読みやすい講演録ですね。『日本の思想』（岩波新書）の末尾に収められています。

**浅羽**　そうそう、それですよ。

丸山眞男は、徳川時代など前近代は「〜である」が価値判断の重要な基準となったとします。武士「である」からこうしろ、町人「である」から許されぬといった具合に。

対するに、近代では「〜をする」で価値が判定される。たとえば経営者は、財閥の一族「である」とか大株主「である」とかではなく、巧みな経営を「する」、抜け目なく金儲けを「する」などで評価されます。

丸山は、これを敷衍して、日本が民主主義かどうかは、指導者が人民や社会へ不断にサービスを提供「する」か、人民が指導者をつねに監視しその業績をテスト「する」かで判断されるべきであり、制度の建前が民主主義「である」ということではないとするのです。この基準からすれば、国民がしばしばデモを「する」社会となったならば、それだけ日本は民主主義となったといえるわけですね。

だが、果たしてそうでしょうか。

私が丸山眞男へ問うてみたいのは、人民がよくデモを「する」ようにさえなったならば、たとえそのデモの政府への影響力が「大きな音」以上にはならず、国民もそれだけでほぼ自己満足してしまったとしても、「した」分だけは民主主義となったといえるのだろうかという疑問なのです。

より端的な例を挙げるならば、浄土真宗の念仏、日蓮宗のお題目などの宗教的行為(行《ぎょう》)は、「する」に含まれるのか。これです。

おそらくは、含まれないのではないか。

というのは、丸山眞男が、「する」原理で動く社会では、人の「えらさ」は、地位＝「である」ゆえではなく「業績」が決定するとし、「する」原理が適用されるべき政治家は、無為無能であってはならず、「果実」によって評価されなくてはならないと言っているからです。

**「する」で評価されるといっても、ただ「すれば」いいわけではなく、「業績」「果実」つまり「結果」を出して見せなければだめなのです。**「「有効」に仕事を「して」いるか」という表現も見られます。

「「である」ことと「する」こと」というより、丸山は「「である」ことと「できる」こと」というべきだったのかもしれませんね。

## †デモをするの「する」は宗教儀礼の「する」⁉

**浅羽**　考えるに、念仏やお題目は、業績や果実や結果を生むことはなく、そこには「有効」か否かという「機能性」の物差しも、まったく当てはまらない。「する」ことで何者かになりもしない。浄土真宗信者がお題目を、日蓮教徒が念仏を唱えてもわけがわからないだけでしょう。念仏やお題目は、真宗門徒「である」ゆえに、日蓮宗信者「である」ゆえに「する」ものであり、逆ではないのです。

前近代の「である」社会でも人はいろいろなことを「する」。武士は帯刀を「する」し、百姓は大名行列が来れば土下座「する」。念仏やお題目などの宗教儀礼もこちらの一つなのですよ。

だとすると、です。

「デモ」なども政治的効果が上がらないものだったら、そして、「よし、それでももう一度」などと繰り返されて、いつしか行事化されていったら、「デモ「する」」から民主主義」ではなく「民主主義者（民主主義信者）「である」ゆえにデモする」一種の宗教儀礼と変わらなくならないだろうか。

そういえば、丸山眞男は、当時（一九五八年）の日本で民主主義が、「いまは民主主義の世の中だから」とか「日本が民主主義の国である以上」とかいうかたちで使われがちなところに注目しています。「〜である」から「〜だ」と価値を導く前近代の「である」思考そのものだからでしょう。

## †民主主義を「である」思考で捉えてしまうSEALDs

**浅羽**　興味深いことに、座談会「「本当に止める」のフィロソフィ」でSEALDsの奥田愛基氏は、「民主主義国家だから、この国がどうあるべきかってことを、本来われわれが考えなくてはならない。王政だったら任せればいいけど、民主主義だから、めんどくさくてもやんなきゃいけない」と、まさに「である」思考の典型を語っているのです。

牛田悦正氏もこれを受けて、「それが嫌なら憲法がない、民主主義じゃない国に行ってくれ」と、「である」思考にどっぷり浸かった応答をしているのです。私は開いた口がふさがらなかった。

憲法がなく民主主義「でない」王政国家だったら、革命で王政を倒して民主主義を実現「する」。それが民主主義者だと思ってましたから。

もし、憲法が改正されたり廃棄されて日本が軍事独裁の国になったら、奥田氏や牛田氏は、戦争「やんなきゃいけない」って語るのでしょうか。

平成日本において、どうやら民主主義は国家宗教みたいなものらしいです。デモという勤行《ごんぎょう》もあるし。

そういえば、ずっと不思議だったのは、デモへ参加した人が、「行動しないと気持ちがおさまらない」[5]とか「何もしないで法案が通るのはいやだ」[6]「いてもたってもいられなく

5――東京在住一九歳女子大生、二〇一五年七月三〇日付「朝日新聞」朝刊。
6――国分寺市の六〇歳男性、二〇一五年九月一七日付「日本経済新聞」夕刊。

なった」[7]といった思いで来ているらしいところでした。

現実へ影響をあたえるためにさらにいえば勝つために行動を試みるのではなくて、「気持ちがおさまらない」から参加する。おさまらないのは、「いてもたってもいられない」気持ち。法案が通るのも嫌だけど、それ以上に自分が「何もしないで」いるのが何よりいやだ。

これってひとつには、バーチャル脳内観念世界として「民主主義が栄えた美しい平和国家」を抱いてしまっている彼ら彼女らの「セカイ系」「中二病」的心情へスイッチが入ってしまい、効果の有無は二の次にして、とにかく「逃げちゃだめだ」とばかり最前線へ出動してしまった感じですかね。何かを「して」民主主義を実現するのではなくて、民主主義者「である」から何か行動しないといられない。

福田恆存は「一つ一つの抵抗運動において、彼等は勝つことを目的としてゐるのではなく、進歩主義的気分に守られながらその気分を守り、その気分に浸ることとそのことが目的となつてゐるのではないか」と推測していました。この「進歩主義的気分」が、バーチャル脳内観念としての「平和で民主主義な日本」であるのはもうおわかりですね。リベラルたちは、本当の日本の危機よりも、むしろこちらの危機に「いてもたってもいられなくなる」のです。福田の言葉でいえば「進歩を阻止するものより、進歩主義的気分を害するもの、いや、将来その可能性を含むものに対して敏感に反応しやすい」。つまり、リアル「進歩」（＝民主主義）の敵ではなく、バーチャル脳内「進歩」（＝民主主義）を害する何かと闘いたがるというわけです。

しかしそれこそが、宗教的心情倫理だともいえます。中世や近世の圧政や戦乱、天災の下、何もできない人々のたまらない気持をおさめる技法として、心の浄土を守りそこへ浸れる行為として念仏やお題目は生まれたのではないですか。

また繰り返しとなりますが、SEALDsの二冊の著には、敵を視野にいれた分析が本当にないですね。『2015年安保　国会の内と外』には野党の追及の前に安倍政権答弁が乱れまくる姿が活写されている。しかしそれでも法案が可決されていったのはなぜかという肝心の点は検討されていない。

野間易通氏の『金曜官邸前抗議』にはまだ、官邸はすごく気にしているという小熊英二氏や古賀茂明氏の報告や、野田首相はなぜ会見に応じたかとかが書かれていましたけれど。そうした考察すら全くない。

批判してくる同業者であるインテリへの反論とかは考えても、主敵である安倍政権につ

7――国立市の三二歳男性、二〇一五年九月一八日付「日本経済新聞」夕刊。

いて、こういう攻撃は効いているみたいだとか、ここが安倍晋三の弱点ではないかといった戦略論とか戦術論とかはまったくない。自分たちと仲間や同類、後進へ向けて、闘うときの自前の心構え、すなわち精神論を説いてばかりいますね。

彼らの民主主義が一種の宗教だと考えたら、これらもどうやら納得がいきました。宗教は他者がない世界を作りますから。

### †「文化としてのデモ」と「楽しければよい」という開き直り

――「言い続けることに意義がある」という肯定のしかたは、たしかに宗教みたいかもしれません。オオカミ少年効果で、政治的主張を風化させる弊害もなるほどあるでしょう。しかし、デモなど政治行動の自己目的化は、そんなに否定すべきなのでしょうか。脱原発から安保関連法反対へ到る数年間のさまざまなデモを、新しい政治文化を誕生させたという視点から評価する人もいますし、楽しいのだからそれでいいじゃないかと肯定する人もいます。

こうした点は誰も否定できないと思いますが。

**浅羽**　小熊英二氏が、「運動の意義は、目先の政策実現だけではありません」と発言し、脱原発デモの意匠、運営事務、社会についての知識など文化的な成長を高く評価していることはすでに紹介しました（一二七頁）。氏は終始、デモの「文化創造」的な側面へ注意を向けています。

安保関連法反対デモについても、「何かあったら国会の前に集まるという政治文化を自然発生的につくった」という評価をしていましたね。[8]

**——こうした評価の視点も、氏が「目先の政策実現」と呼ぶ、本来の勝ち負けを直視して「効果測定」したり「検証可能性」の領域で議論したりするのを遠ざける「バーチャル脳内観念世界」へ軸足を置いているからだとあなたは断罪するのですか。**

**浅羽**　小熊氏は、歴史社会学者として、日本の社会運動について巨大な業績を残しています。その際、社会運動の文化的側面を一貫して重視してきました。

上下二巻にわたる『1968』（新曜社）は、東大安田講堂占拠事件、連合赤軍事件など、一九六〇年代後半の学生運動高揚期を彩る諸トピックを丹念に精査し論じた大冊ですが、ベトナムに平和を！市民連合すなわちべ平連の活動を扱う章で結ばれています。

それまでの学生運動や平和運動のパターンをあらゆる方向から刷新したべ平連は、まさに文化的な見どころに満ちた政治運動でした。諸運動、諸党派、諸事件を基本的にクール

8——二〇一五年九月一九日付「朝日新聞」朝刊。

に距離を置いて叙述してゆく小熊氏ですが、べ平連にだけは好意的・肯定的であるように感じられる一冊ですね。

『1968』の前篇にあたる『〈民主〉と〈愛国〉』では、第一二章の「六〇年安保闘争」が興味深いです。

小熊氏は、竹内好がこの闘争をまとめた言葉を紹介します。

いわく、進行中の状態は、「国民がみずから秩序をつくり、みずから法をつくる訓練」としての「一種の精神革命」であって、「最終的な権力の奪取だけを社会革命と考える方がむしろ観念的である」と。このまとめは、小熊氏が、脱原発デモを総括した二〇一二年一二月二二日付「朝日新聞」朝刊コメントと通じていますね。

私のような政治的敗北のリアルさを強調する言説に対し「むしろ観念的」と釘をさすところは、小熊氏の「運動の意義は、目先の政策実現だけではない」発言の原型かもしれません。「最終的な権力の奪取」と「目先の政策実現」が対極的ですが。

小熊英二氏のバーチャル脳内観念世界では、氏のご専門であるからか、政治文化の創造へ殊に高い価値が与えられているようですね。

しかし、新しい政治文化を生んだからデモは無駄ではなかったとするこうした肯定論は、リアルな「効果測定」を遠ざけます。

もっとも、そうしたマイナスの効果は、ここまで縷々検討してきたごとく、ほとんどの論客にいえますからね。

その中では小熊氏は問題に自覚的なほうでしょう。

### †デモで原発が止まったとは言ってない小熊英二氏

**浅羽**　二〇一一年六月一一日、新宿で盛り上がった脱原発デモで宣伝カー上のアピールをした氏は、原発がなくなる必然を問いていました。これは裏返せば、デモなどあってもなくても関係ないと説くに等しい。実際、氏は簡潔にそのミニ講義を終え、最後に一言、では、今日は楽しく騒ぎましょうと付けくわえて結びとしたのです。

『原発を止める人々　3・11から官邸前まで』（文藝春秋）末尾の論文でも小熊氏は、デモ等が原発停止に寄与したといった言い方を慎重に避けているように読めます。

だから本来効果がはっきりしないデモの「効果測定」など、はじめからありえなくて、デモの意義づけは政治文化の視点からのみと限定しているのかもしれません。

**――何かあったら官邸前とか国会前とかへ集まるという政治文化は今後、小熊氏の説くように定着してゆくのですかね。**

**浅羽**　何ともわかりません。

官邸前や国会前デモについての小熊氏の発言では、『SPA!』誌二〇一五年九月一五日号の上杉隆氏によるインタビューでの発言が興味深かった。ピーク時の二〇万人と比べるとわずかな人数だが、今も続いている官邸前脱原発抗議を「徹夜で村の門を守る〝不寝番〟」に喩えていました。「いざ人々が集まるときのために、官邸前という「場」を毎週確保してくれている。そういう人は少数でいい」と。

ここには、政府の権力に拮抗する恒常的なセンターが、新しい政治文化という土壌から芽生えてくるというけっこう具体的な夢があります。かつての総評のごとき対抗力が、まったく新しいところから育つ夢。

もっとも、川内原発再稼働という、それこそ門番が声をあげて皆を集めるべきときに、大いに起こるべきデモが、安保関連法反対の盛り上がりにかき消されてほとんど不発に終わったのを考えると、過剰な期待は禁物ですけど。

## †表現文化としての評価にデモは耐えうるか──東大も難関だが芸大も難関

**浅羽**　ちなみに、小熊氏のような政治文化という視点からのデモ評価をするならば、その先が肝心ではないでしょうか。

デモが政治行動であるなら、勝ったか負けたか、どの程度、勝ったのか負けたのかといった「効果測定」による評価対象となるのは避けられません。

ところが、デモの文化性が強調されるのを聞いていると、政治価値による勝ち負けの「効果測定」では、いい点がとれそうもないから、俺は別のレースなんだけどと逃げてるように外野としては聞こえる。

偏差値低いやつが、俺、芸術系志望だからなんていう感じかな。しかし、です。芸大入るのは学科によっては東大より至難かもしれない。デモの文化性もいいけど、いろんな政治文化のなかでどれほどのものなのという評価まで免れると思うなよといいたい。

一連のデモの皮切りだった3・11直後半年の間、高円寺や新宿で盛り上がったサウンド・デモを主催した素人の乱の松本哉氏も、ずばり「デモは表現」「万人に受け入れてもらえるなんて思っていない」と二〇一一年一二月二一日付「朝日新聞」朝刊で断じました。いわば芸術宣言ですね。「政治」だというのならば万人に受けいれてもらう目標を可能性であれ決して手離してはならないはずです。

しかしこのジャンル、凄い神アーティストがわんさといるから、甘くみないほうがいい。ナチスのニュルンベルク党大会を演出したゲッペルスとかね。東京五輪とか大阪万博とかも政治的イベントだったといえなくもないし。

現在でも、創価学会のような老舗から、在特会や嫌韓デモのごとき新人まで、新しいタイプの政治文化を開花させているライバルは多いですよ。

**——政治芸術というジャンルですか。**

**浅羽**　そうです。北朝鮮のマス・ゲームからアノニマスの仮面まで、作品数は豊富です。あるいは、「限界芸術」というジャンルへエントリーするのもありかもしれません。

**——何ですか、それは？**

## †限界芸術としての「デモ」はコミケに勝てるか

**浅羽**　鶴見俊輔が六〇年安保の年に発表した同題の論文で提起された概念です。専門アーティストが創造して少数の専門的享受者のみが鑑賞するのが「純粋芸術」で現代音楽とか実験演劇とか。専門アーティストが創造して多数の非専門的普通人が享受するのが「大衆芸術」でポップスとかエンタメ映画とか。そして「限界芸術」とは、非専門家が創造し非専門家が享受する芸術です。

鶴見がこれを著した昭和三〇年代、カラオケも初音ミクもYouTubeもなかった。だから、例としては、阿波おどり、生け花茶の湯、年賀状、書道などが挙げられています。面白いのは、純粋芸術では前衛映画、大衆芸術では時代劇が例とされている「演じる」ジャンルの「限界芸術」として、「葬式」「見合い」などとともに「デモ」がしっかりと例に挙がっているのです。

しかし、今や「限界芸術」は、純粋芸術、大衆芸術をしのいだクール・ジャパンの王者ではないか。神ライバルは多いですよ。

今後、デモが芸術としてもいよいよ多様化や洗練の度を増していったとして、あのコミックマーケットが生んだ二次創作やコスプレの猥雑雑多にして絢爛豪華な宇宙へどれほど迫れるでしょうか。質量ともに誰も無視できなくなった二次創作は、デモなど足元へも近づけなかったアメリカ政府の経済攻勢すらなんなくはねのけつつあるのではありませんか。

**——え、いつそんなことがあったのですか。**

**浅羽**　TPP妥結したでしょう。知財分野では著作権の保護期間を作者没後七〇年とするという、アメリカ標準のルールがあっさり通ってしまった。日本は五〇年ルールでしたから、青空文庫はがっくりですよ。しかも、著作権侵害は非親告罪化された。作者がかまわないよと云っててもこれからは捕まるのです。しかしですね、「市場における原著作物の収益性に大きな影響を与えない場合はこの限りではない」という、大きな例外条項がどうやらつくのです（二〇一六年一月二〇日現在）。

これは二次創作を守るためですよ。オタクが開花させた限界芸術の華は、アメリカが主導する世界資本制システムをも退かせる勢いなのですよ。

――デモは限界芸術としてもまだまだだというのですね。

しかしですね、政治的にもまだ脆弱、文化としても芸術としてもいまだしだとしても、デモの祝祭的な高揚をただ楽しんでいる参加者も多いと思われます。

それだけでも、おおいに意義があると思いますが。

**浅羽** 政治行動だとか文化だとか芸術だとかいった意義づけに対しては、ではどれほどの文化なの？ 芸術なの？という評価が多かれ少なかれ可能となります。しかし、楽しいからやってるんだと言われたら、もう何もいえませんね。

いや、まったく何もいえないわけではないかな。

祝祭だというのならば、昔、民俗学者の谷川健一が、六〇年安保闘争を祭りだとしました。女子大生・樺美智子の死は、古代祝祭でおなじみの、処女の供犠《くぎ》だったってね。楽しいからいいじゃないと開き直りたいならば、ここまで強烈な大先輩の前に襟を正すべきではないか。

ただ楽しみたいだけなのに、社会正義とか思想とかの味つけが要るあなたってどうなの？というツッコミが可能です。

そんな無粋な楽しみ方、遊び方しか知らないの？という……。怖いもの見たさの旅行を、仰々しくダーク・ツーリズムとか言っちゃうみたいな。

学校生活楽しんでますって高校生が何人もいたとして、何楽しんでるか聞くと、一人はリア充で恋愛、次はスポーツ、次は文化系サークル、次はオタと来て、最後の一人は生徒会活動。十数年前までは、スクールカーストはこの順でしたけどね。いまは生徒会ってそんなダサくないのかな。朝井リョウ氏でもない私にはよくわかりませんが。

デモが楽しみだと言う人って、課外活動は生徒会っていうノリなんじゃないですかね。

## †リア充かデモ充か――快楽の次元に上下差別をつける小熊英二氏

**浅羽**　あの小熊英二氏は、分厚い新書本『社会を変えるには』（講談社現代新書）のおしまいのあたりで「楽しさ」についてもいろいろ語っています（五〇二頁）。

「あれを買って楽しい、飽きたら次を買う」、「自分の持っているものを自慢して、他人を批判する」。小熊氏は、「こういうのは、じつはあまり楽しくありません」といいます。受け身で消費しているだけでは満足できないからだそうです。では何が本当に楽しいのかというと、「働くこと、活動すること、他人とともに「社会を作る」ことは、楽しいことです」と説くのです。

そうですかね？　そういうのを楽しいと感じる人もいるでしょう。小熊氏もそのひとりらしいように。しかし私にはそれほど楽しいとは思えない。逆に私には、氏が否定した、あれこれ買い散らかすとか、自分のコレクションを自慢するとか、他人の悪口をいったり（もうじき小熊氏の悪口いいます）とかのほうが断然、楽しい。

そう考えて首をかしげていたら、その五〇ページほどまえにも「楽しい」を論じたところがありました。「他人とともに「社会を作る」こと」を、皆で具を持ち寄る楽しい鍋料理に喩えて説明した後、小熊氏は「参加だの対話だの、そんなめんどうなことは人間はやらない」といった予期される反論について、そんなのは、人間は人を支配したり、支配者にお任せしたり、個人が自由勝手にふるまったりが好きだということを前提にした反論だと指摘します。

そのうえで小熊氏は、「前提にしている快楽の次元が低いのではないでしょうか、それより楽しいことが人間は好きなのです」と断じるのです。

おや、小熊氏ったら、自分の持ってる快楽こそ高次元だと「自慢」し、他人の快楽を次元が低い、そんなヤツは人間じゃないと「批判」してませんか（笑）。楽しいな、悪口。

まあ私は、二十数年まえ作者からそっくりだとお墨付きいただいた妖怪ねずみ男ですから、自分が人間だなんてもともより思ってないですけどね。

――作者？　誰ですか？

浅羽　故水木しげる先生ご本人ですっ。

それはともかく、**小熊氏は人間の、そしてその快楽の多様性とご自分の高尚な「楽しさ」がマイナーかもしれない可能性を、甘くみないほうがよろしいと思いますけどね。**

——小熊英二氏は、古市憲寿氏からデモの「効果測定」をしないのかと問われて、そんなことしたら楽しくないからしないのだと答えた人でしたよね（本書一二一 - 一三頁）。

浅羽　その通りです。『社会の抜け道』という國分功一郎氏との対談本で出たエピソードです。國分氏が「そんなこと聞いたの？　すごいね」と受けていたのも印象的です（一〇六 - 一〇七頁）。

だって、デモもリベラルも縁遠い大多数の社会人、殊に上司や取引先を説得すべく日々数字と格闘しているサラリーマンがデモの話を聞いたら、誰だって「デモをやるにしても、目標を定めて効果測定してやっていかないと意味がないんじゃないか」と聞きたくもなるでしょう。その基本中の基本が、「あんた、それを訊いちゃあおしめえだ。空気読みなよ」といわれてしまうタブー中のタブーなんですからね。

## †社会運動における「目的」vs「手段」——國分功一郎説への疑問

浅羽　しかし、空気読めなかった（近代的自我を持ってたともいう）古市氏とは違って國分功一郎氏は、「効果測定」を避けようとする小熊英二氏などデモに近しい人たちの心情を共有しているようです。

「社会運動における「目的」と「手段」の関係というのは非常に難しいんだ。本当に難しいんだ」と國分氏は悩む。

そしてまず、さっき私たちも論じた「続けることに意義がある」の弊害を正しく論難しています。「本来の問題の解決が避けられるようになってしまう」とね。

ただし、國分氏はその原因を、最終解決したらせっかくの楽しい運動が終わってしまうから、無意識に問題解決を避けるところに求めてます。私はこれには異論がある。そういう心理的バイアスはあり得るけど、それなら簡単に解決しない勝てない問題でも、なぜ「効果測定」を避けたがるのかの説明がつかない。

私はね、**「効果測定」によって自分たちの運動が客観的に直視され、いかに無力か、いかに見当はずれの闘いをやってきたかを眼前に見せつけられるのが怖いから、彼らは避けるのだと考えます。**さらにいえば、自己検証が進むにつれて、急いで原発を廃炉にする必要はないとか、安保関連法はむしろ必要かもしれぬなんて可能性が見えてきたら、目も当てられないでしょう。彼らにとってこれらはアイデンティティの崩壊です。福田恆存流にいうならば、自分はリベラルだという「気分」がひどく傷ついてしまう。だから絶対、避けたいのでしょう。

國分功一郎氏は次に、今度は目的が絶対化した場合の問題を語ります（一〇八‐一〇九頁）。「目的達成に向けていまを犠牲にして身を捧げるという面がどうしても出てきてしまう」と。

そして、「確かにそういうギリギリのコミットメントを要請される問題というのはあるかもしれないけれど、俺としてはこれを肯定することはできない。ましてやそれを人に強いるのはおかしい」とするのです。

要するに、「楽しくなくなるのは嫌だ」というわけでしょう。しかし、この後段はかなりおかしいのではないか。

本気で勝とうとしている闘いだったら、「ギリギリのコミットメント」が必要な局面が生じて当然だし、だったら一刻でも早く勝つためには、いまを犠牲にして全力を投じるほかないはずですよ。

勝つという目的を本気で共有している仲間が、いまを犠牲にして身を捧げるのに音をあげたら、勝ちたいなら耐えろよ、嫌なら戦線離脱しろと「強いる」のも仕方ないでしょう。許したら皆が一緒に負けてしまうのだから。

**また、ギリギリのコミットメントが要請される段階が来たら、消えてしまう程度の楽し**

**みなんて、はたして本当の楽しみですかね。**

気の合う同僚と雑談するのも、会社へ行く楽しみかもしれない。しかしそれは仕事の楽しみとは違う。仕事の楽しみとは、全力を傾けて新企画を通すとか、よい契約を取るとかでしょう。**仕事が切羽詰まって残業徹夜続きとなれば、同僚とだべってなどいられない。しかし、仕事の楽しみはそういう修羅場にこそあるかもしれない。**

社会運動でも同じではないですか。松下竜一の傑作ノンフィクションに『砦に拠る』というのがある。昭和三〇年代、九州の山村でダム建設反対運動を展開した人物の闘いを描いたものですが、自分の山林を強制収用される地主が、豊かな村を水没させられる農民とともに決死の抵抗をするわけですから、まさにギリギリのコミットメントで犠牲も強いられます。

## †闘争において「楽しみ」とは何か――『砦に拠る』を読む

**浅羽**　しかし、リーダーの地主・室原知幸が超ノリがよくて、蜂ノ巣砦という闘争拠点を築いて、地元の土地勘と詳細極まる実践的な法律知識を駆使して、建設省の出方に応じて、実力と訴訟のあの手この手を繰り出す二本立て闘争を仕掛けまくるのですから、読んでいるだけでも楽しい。諸葛孔明、あるいは楠正成とか真田幸村（信繁?）の活劇を観ているようです。

社会運動が楽しいというのは、本来こっちの意味ででしょう。

國分氏は、自己犠牲とその強要を警戒しているようですが、まずいのはそれらが「自己目的化」した場合です。だって、犠牲もあくまで「手段」ですから。やたら悲壮がり刻苦勉励を誇示するやからは、目的の絶対化ではなく手段の目的化をしている。つまり「続けることに意義がある」という人たちと同じなのです。

國分功一郎氏は、有機農法の運動が分裂した例を出しています。有機農法を広めて社会革命をやろうという運動だったのが、その農場で自給自足の生活を楽しむ「農場派」が生まれ、それじゃあ手段が目的化してしまい、社会革命という目的は失われてしまうと考える「契約派」と分裂したそうです。

國分氏は、社会革命という目的を忘れたわけではなく、しかし農場の自給自足という運動自体も「土に触れるのが楽しい」と楽しんでいる「農場派」がよいと讃えます。

## †有機農業はそれだけで目的たりえるが、デモは手段でしかありえない

**浅羽**　しかしこれは、農業自体も目的たりえるもので、目的が二つになっただけの話ではないか。手仕事が大好きで職人となり、製品がヒットして販路を拡げていった場合、どち

らが手段でどちらが目的ということもないでしょう。製作も営業も、目的ですよ。デモの場合、デモ自体が目的化するのがおかしいのは、社会革命なしで有機農業をやる人はありえるが、脱原発とか安保関連法反対とかの社会的主張（目的）がまったくないデモはありえないからでしょうね。そこが根本的に違うのです。

あ、これ誰かやりませんかね。主張がまったくないデモのためのデモ……。環境問題のアースデイや性的少数者のレインボープライドは、パレードやフェスティバルにして敷居を思いきり低くし主張が目につかないまでになってる。そういうのじゃなくて、古風なこわもてデモそのものなんだけど、主張が何もないの（笑）。

これでも柄谷行人氏は「デモのある社会」となったと讃えるかな。小熊英二氏は「新しい政治文化」だと評価してくれるかな。なんか便器に「泉」ってタイトルつけて美術だと展示したM・デュシャンばりのパフォーマンスでしょう。

――一二万人とか二〇万人とか集めたら壮観でしょうな。まあ誰も来ないでしょうけど。

**浅羽　誰も来なくとも、参加者二〇万人と主催者発表をすればよろしい。**

――話を戻しますが、やはりデモなどの社会運動に楽しさを求めるのはまずいのでしょうか。

**浅羽**　「まずい」が「いけない」という意味だったら、私は何もいけないという気はありません。**私はただ、それでは勝てないよと言いたいだけなのです。**

デモの楽しさについて、小熊英二氏は、『社会を変えるには』でこうまとめています。

「「デモの意味」については、私はこう考えます。まず参加者が楽しい。こういうことを考えているのは自分だけではない、という感覚がもてる。ひさしぶりに顔見知りに会うこともありますし、見知らぬ人に声をかけても共通の話題があります。これは一種の社交の場です。そこで一人ひとりが力を得て、帰っていくのはいいことです」

私が見るに、小熊氏が肯定的に挙げたこれらデモの魅力は、そのまま現代日本のリベラルが、脱原発でも安保関連法反対でも、安倍自公政権に勝てない理由そのものと思えるのです。

次の章では、それを語りましょう。

## 高橋源一郎先生の論理的安定性について

安保関連法が審議されていた二〇一五年七月二六日、礒崎陽輔首相補佐官が、「考えなくてはいけないのは、我が国を守るために必要な措置かどうかで、法的安定性は関係ない」と発言した。彼がもし「関係ない」ではなく、「至上のものではない」とか言っていたら、発言はカール・シュミットのいう「例外状況」を踏まえた高度な正論となっていただろう。自民党も知的になった。

たとえば昭和二〇年八月、昭和天皇は、明治以来培われた立憲君主制の法的安定性をぶちこわして、明らかに解釈改憲である「御聖断」を下し、一億総自爆テロの本土決戦を阻止した。

時まさに国家の「存立危機事態」、つまりは「例外状況」だったからだ。いま誰がこの違憲行為を非難できようか。

これと比べたとき、「法的安定性」を楯にとって安倍政権を批判する識者の、以下のような蒙昧ぶりは目もあてられない。

高橋源一郎氏といえば、脱原発から安保関連法反対へ到るリベラル派の高揚を、一貫して持ち上げてきた作家だ。その言論の主舞台である朝日新聞の論壇時評（二〇一五年六月二五日付朝刊）で氏は、阪田雅裕元内閣法制局長官の『政府の憲法解釈』で憲法学を独学して「「憲法」の「解釈」は勝手に変えてはいけない」のだと、何か納得している。「「(憲) 法」や、その「解釈」が変えられるということは、国家のあり方そのものが変えられるということに他ならない」のだから、安倍政権のような憲法解釈変更は阻止しなくてはと言いたげなニュアンスで説いている。

ようするに「法的安定性」重視である。それはそれでわかる。

ところが高橋氏は、その前月の五月二八日の論壇時評で、木村草太氏の沖縄での講演を絶讃している。その内容はある地方自治体にのみ適用される特別法は、その自治体の住民投票を経なければ制定できないとする憲法九五条規定を、辺野古へ米軍基地を移転させる新法へ適用しようとするものだ。この木村提案を、高橋氏は、「憲法を使う」もの、憲法を「問題が蠢く現実の世界に連れ出し」「真の力を発揮してもらう」「画期的」なものと絶讃するのだ。木村氏はこれを「理論的には可能である」とする。その通りなのだろう。

しかし、理論的には可能であっても、現在の最高裁判例、内閣法制局の見解は、こういうとき九五条を適用できるという解釈を長らく採っていない。

ゆえに画期的な木村解釈により「憲法を使い」「真の力を発揮してもらう」には、解釈変更が必要なのだ。そしてそれほど「画期的」な解釈ならば、「国家のあり方そのものが変えられ」てしまう変更となるだろう。すなわち「勝手な」「解釈改憲」に他ならず、「法的安定性」を損なう。

独学した後の高橋先生が、一カ月前の木村案絶賛を取り下げたとは聞かない。

自分に都合が悪いときは「法的安定性」を言い募って「新解釈」はだめ、都合のよいときは「画期的」新解釈で憲法を「連れ出し」「使」おう。言論の「論理的安定性」なんて、この先生にはどうやら「関係ない」ようである。

第三章

# 他者

## ——リベラルは「ビジネス」を巻き込めるか

「だが、理論も、大衆を把握するや否や実力となる。理論は、自明となるや否や大衆を把握し得る。そして理論は、それが根本的となるや否や、自明となる。根本的であるとは物事の根底を把握することである。ところで人間の根底は人間自体である」

――マルクス「ヘーゲル法哲学批判序説」(猪木正道・小松茂夫訳)

「たかが理屈というけれど、理屈だって真に受ける連中がそれなりの数となったらもはやただの理屈では済まない「力」だよ。ただ、真に受けてもらえるのは、もはやこれしかないというくらいリアルな理屈だけだけどね。そして、現実をとことん直視してこそ見える底の底からわずかな甘えもなく積み上げられた理屈だけを、大衆はもはやこれしかないと真に受けるんだ。あんた、人間の底の底まで直視する勇気と覚悟があるかね。ほらあんた自身と隣人たちの直視したくない、いやなところの全てをだよ」

(超訳)

――前章の末尾では、小熊英二氏が「デモの意味」を語った『社会を変えるには』の一節を引用し、ここにこそ、リベラルが脱原発でも反戦でも、安倍自公政権に勝てない根本的な原因があるといわれましたね。

**それはまたどうしてでしょうか。**

**浅羽**　その問いに答える参考として、小熊氏があそこで述べたデモの魅力を、さらにていねいに説いた文献から引用してみましょう。

### †デモは居心地がいい――松沢呉一氏が語る本音

**浅羽**　3・11の年の暮れ、デモ初心者を対象とするよくできたブックレット『デモいこ！』（河出書房新社）が刊行されました。その巻頭を飾るのが松沢呉一氏の文章「デモはたのしい」です。

「デモに出れば、自分と同じようなことを考え、同じようなことで悩んでいる人たちがたくさんいることがわかります。それを大きな声で叫ぶことで自分を取り戻す」

これなどは、小熊氏とほぼ同じことを語っていますよね、その一ページまえにはこんな文もあります。

「ここにはひとつのコミュニティがあることもわかってくるでしょう。ともに歩く人々は、考えや目的を共有しています。少なくとも、そのデモのテーマには賛同している。数十、数百、ときには数千という単位で人が集まれば、ほかでは得られない安堵や共感が生じます」

この「コミュニティ」は、小熊氏の言う「社交の場」と同じものでしょうね。

ここで私が立ち止ったのは、「安堵」という一語ゆえでした。

またページをめくると、こうあります。

「デモの解散場所で、なかなか人が去っていかないのは、そのコミュニティの居心地がいいためです」

「安堵」できる「居心地のいい」コミュニティ……。デモや集会から生まれるのがこうしたものであるならば、社会運動としての広がりはずいぶんと限定されたところで終わってしまう。これでは権力に勝てないなと私は考えたのです。

——どうしてですか。そこへ行けば安堵できる居心地のいいコミュニティだったら、多くの人が加わりたいと思うでしょうし、ずっと維持していこうとするでしょう。社会運動の出発点として素晴らしいと思いますが。

**†そんなデモでは拡がっていかない**

**浅羽**　さて、果たしてそうでしょうか。イケメン作家の島田雅彦氏が、安保関連法成立直前の国会前デモで、こんな発言をしたようです。

「デモは一見無力かもしれないが、参加したことが友達に、親戚に影響を与え、5万人が10万人になれば50万人が100万人にもなる」[1]

このように影響が拡がってゆく展開を、デモ参加者ならば誰もが希望していると考えられます。

しかし、そのデモが、小熊英二氏や松沢呉一氏が記したようなものだったとしたら、希望は結局、はかない夢に終わるのではないでしょうか。

私がそう考えてしまったのは、『デモいこ！』の松沢氏の文章に、こんな一節をみつけてしまったからです。

「とりわけ原発については、「職場で語れない雰囲気がある」「友だちに話すと疎んじられる」「彼氏や彼女にいっても心配性だと一蹴される」という話をよく聞きます。電力会社と取引のある会社に勤務していたり、親族に利害のある人がいると、反応を確かめるまで

1——二〇一五年九月一九日付「朝日新聞」朝刊。

もなく、口をつぐんでしまいがち」。

こうした現実は、ときどきメディアでもしばしば報じられています。

二〇一五年八月二四日付「朝日新聞」朝刊では、安保関連法案反対デモへ参加して、SEALDsから勇気をもらったと語る女の子が、しかし、いつもフェイスブックへ「いいね！」をくれていた友達はその後沈黙していると語った声が拾われていました。

安保関連法可決直前の「朝日新聞」の「ウォッチ安保国会」は、デモにはサラリーマン参加者もいるという内容でしたが、化粧品販売店の女性三九歳と連れ立ってきた二六歳の男性エンジニアは、会社で安保を話題にすることはなく「組織の中ではなかなか意見はいえない」と話したそうです。[2]

この年の一月一二日成人の日、朝日新聞は社説で、脱原発デモ参加を理由に就活に失敗したらしい専門学校生・菜々さん二一歳の例を引きました。彼女は、「だって、これまで何度も経験してきたから。原発とか戦争とか政治の話をし始めると一変する場の空気、「そんな話やめろよ」という有形無形の圧力」と語ったというのです。

——あの朝日の社説は、これでいいのかと非難する論調でした。

**浅羽**　ええ。いつもながらの道徳的非難でしたね。

**しかし今はよしあしを問うても仕方ない。仮に悪いとしても悪いといったから即、消え**

**てくれるわけではない厳然たる事実があるのですから。**

**それを知らないふりをして、島田雅彦氏は「友達に、親戚に影響を与え」なんて軽々しくいうべきではない。**

### †デモへ行くと友だちに引かれる――初心者の退路を断つ戦略

**浅羽**　さて、松沢氏の「デモはたのしい」にはこうも書かれています。

「人によっては、それ（デモ参加）を契機に職場や家庭でも話し始める、相変わらずそうはできなくても、思いや考えをインターネットで書く勇気を得る。

ときにはそれによっていよいよ孤立するかもしれません。でももうだいじょうぶ。またデモにいけばいいだけです。

友だちに言っても理解されないと悩んでいる人は、デモで友だちをつくってしまえばいいんです。事実、デモ友ができた人が急増中」。

これ、業界では知られた手口なんだ。**職場や遊び仲間からは疎まれる話題へ馴染ませ、いままで彼や彼女がいた世間を居づらく感じさせてゆくの。そうなると次第に戻っていけ**

2――二〇一五年九月一五日付朝刊。

**る居場所がなくなっていく。退路を断つわけですね。**こうなればしめたもの。新しい人間関係以外に相手してくれる者はいなくなるから、活動費《カネ》を巻きあげるのも末端活動家《パシリ》として使うのも、もうやりたい放題です。本当ですよ。このメカニズムは、精神科医の中井久夫氏が、「いじめの政治学」（中井久夫『アリアドネからの糸』所収）というエッセイで活写しています。

いじめ集団もそうだし、やんちゃグループやヤクザの新人スカウト、みなこれです。彼らの場合は、万引とかのちょっとした犯罪に手を染めさせてかたぎの世間へ戻れなくして退路を断ちますよね。フェミニズム・サークルとかでは夫婦喧嘩のときにフェミ理論とか口にさせれば、普通の旦那ならバケモノでも見る目で嫁さんを見る。たいがいはこれで離婚へまっしぐらだそうです。退路が断たれる。

「でもいいじゃない、本当の仲間ができたんだから」となぐさめてフェミニスト妹分の出来上がり。もちろんその後の生活費までは支援してくれません。まあ実家暮らしさんも少なくないみたいですけど。カルト教団もマルチ商法も、みんなこの手を使うんですよ。

**——ちょっとは似てるのかもしれませんが、それはひど過ぎませんか。名誉毀損ものですよ。**

**浅羽**　告訴、上等っす。私は本当のこと言ってるだけですから。

博打うちが、カネ持っていそうなカモを引きいれるときも、こんな感じなのではないでしょうか。色川武大の『小説　阿佐田哲也』（角川文庫）に、その道の鬼である原完坊という神ギャンブラーが出てきます。複雑な家庭に生まれ小学生で家出して同棲……という凄すぎる人物なのですが、六〇年安保のとき、なぜか突然、共産党のオルグとなって国鉄某車線区の労働者を統率する任務についた。「彼がオルグになって固めた地区はもっとも結束がとれ、強力な戦闘集団だったという」。博打の道へ誘いこむ鍛えぬかれた手口が、デモやストライキを組織するにあたっても威力を発揮したのでしょうね。

**——オルグってなんですか？**

**浅羽**　オルガナイズが語源で、本来は「団体が組織拡大のために、人を勧誘して構成員とすること」を意味する左翼用語です。学生運動全盛期には、「ナンパする」の対語として「硬派する」なんていったそうです。

**†リア充を厭うデモ充ばかりがオルグされる**

**浅羽**　さて、話を戻しましょう。松沢氏の文章を読むと、**もともと職場や遊び仲間や彼氏や彼女に対して、どこか馴染みきれない違和感の芽を育てていたような人たちが、原発とか安保といった社会正義の問題へ敏感になり、デモ参加などへ積極的となりがちなのだろうな**と、つい考えてしまいますね。

リア充たちと一緒にいると居心地がいま一つでデモ充へ移ってゆくというか。そうした傾向があるとしたらですよ、職場の友達や親戚へ影響を与えていければといった希望は、デモ参加者たちが最も苦手でやりたくないことを頑張れば……といっているに等しい。やっと流れついた居心地のよい居場所から、いままでいた場所へ出陣してこいといわれるわけですからね。

そういうコミュニケーションが何より苦手で、デモがタブーでないような人々の輪まで逃げてきて安堵した人たちへ向かってね。村落、会社、役所などのしがらみとか空気という鎖や枷を嫌って文学とか芸術へドロップアウトした日本人を、かつて伊藤整は「逃亡奴隷」と呼びました。彼らはその現代版ですね。

オルグはするにしても、自分と同じタイプの後輩を引きずり込むのが精いっぱいでしょう。

その結果、リベラルなサークルもデモ参加者も基本的に同質的な集団となってゆくのですよ。

「毎日新聞」で、社会学者の上野千鶴子氏が、ネトウヨについて書いてました。[3] 幾つかのルポや研究書で、ネット上でヘイトスピーチ的言説を書きつづる人たちの実態を初めて知り、勉強になったと素直に驚いておられた。微笑ましいです。しかし、「周囲にそんな人がいないので理解できない「異文化」についても、時々は知っておいたほうがよい」と結んでいたのには考えさせられました。

上野千鶴子氏といえば、八〇年代にはフェミニズムを代表するカリスマ的知性、エッセイストとして広くマスコミでも活躍し、九〇年代には東大教授、ベストセラー「おひとりさま」シリーズでいまも最先端を走る人気文化人です。マルクス主義フェミニズムの人ですから、まさかネトウヨの友人が多いとは思えませんけど、知人のなかに、そちら方面に通じた編集者とか教え子とかも全くいなかったのでしょうかね。

左翼、リベラルといった人たちの似た者同士性をあらためて知らされてしまった気がします。同時に「自分が不愉快な対象をも研究し理解しようとする姿勢」を「批判的知性」だとする上野氏の強靭な精神と豊かな好奇心には心から喝采したいです。

——二章でずっといわれていたテーマともつながるお話ですね。

**浅羽**　内輪向きの話題ばかりが議論されていて、敵を視野にいれた分析がほとんどないという。まさしくそうなのです。

3——二〇一五年一二月一五日付夕刊。

†隣人をオルグできますか――北方謙三『草莽枯れ行く』の教訓

**浅羽**　デモへ行くと言うとドン引きする友人や同僚や、政治の話はするなと有形無形の圧力をかける上司や先輩、彼らは第一章で述べた警察や軍隊のようなものなんですよ。自公政権を支える裾野ですから。そして、彼らに関心を持たせ、できれば寝返らせて味方につけデモへ参加させる、それこそがもっとも間近で重要な任務、闘いであるはずです。

しかし、それをもっともやりたくないんだ。それが一番、苦手なんです。

思い出したエピソードがあります。

北方謙三氏の『草莽枯れ行く』（集英社文庫）という歴史エンタメ小説の一節ですけど。幕末の志士にして赤報隊隊長、相楽総三《そうぞう》が主人公のお話です。

**――その人、どこかで聞いたことがありますね。**

**浅羽**　『るろうに剣心』のサブキャラ相楽左之助は、相楽総三の部下だったという設定でした。

物語は総三が、維新前夜、討幕を目指して暗躍する革命ロマンですが、彼の同志もいろいろ登場する。そのなかに金井之恭という男がいます。彼は上州の拠点を守りながら、その隣国にして軍事的により重要な地である信州の、尊王攘夷の志士たちを討幕派へとオルグする任務を帯びていた。当時まだ尊王攘夷＝討幕ではなかったのです。公武合体派とかいたから。ところが久しぶりに総三が上州へ金井を訪ねると、信州志士のオルグが全く進んでいない。

訊いてみると、信州人は頑固でとっつきにくい。上州の同志はものわかりがいい。それでつい、話の合う上州の志士たちと集まってばかりいて、肝心の信州志士オルグは先延ばしにしてしまったのだという。

「金井には居心地のいい方を選ぶという傾向が、以前からあった。上州のほうが居心地がよかったのだろう」

作者は総三の推測をこう記します。ちなみに長谷川伸の研究書『相楽総三とその同志』（中公文庫）を見ると、金井は実在の人物。相楽の同志がほとんど非業の最期を遂げるなか、明治末まで存命し貴族院議員にまで出世しています。こんな後半生から北方氏は金井の性格を造形したのでしょうか。

しかし、これって、なかなかリアルだと思いませんか。私たちの大半は、居心地のよいほうを選んで楽をしたいのです。どんなに重要で必要だとわかっていても、苦手なほうは先送りしてしまう。

志士や革命家にだってそういうやつがいるんですよ。

そして、いわゆるリベラル勢力は多かれ少なかれこの傾向に侵されていないでしょうか。**この病が進行すると、「勝つ」ことを忘れていきます。もし勝って政権とか獲ってしまうと、いろいろな「責任」を負わされ、居心地のよい日々は二度と帰ってきませんから。**

松沢呉一氏の文章を読み、「安堵」の文字を見つけたとき、私は金井之恭のへたれぶりを思い出したのです。

## 世論調査では多数派の反戦・脱原発がなぜ孤立しているのか

――日常会話のなかで、原発とか安保の話題を出すと、引かれるのはよくわかります。意見が違う人がいた場合、どうしても人間関係に角が立ち、場の空気に波風が立ちますからね。

だが、脱原発や安保関連法反対ってそんなにマイナーですかね。二〇一二年一二月二二日付「朝日新聞」朝刊の小熊英二氏インタビューでは記者が「世論調査では八割以上が脱原発だったのに、脱原発政党に大きな支持は集まらず」「落差があった」と質問していましたし、二〇一五年九月二一日付「朝日新聞」朝刊では、四カ月の間、世論調査では安保関連法案反対がずっと五割を超え、この時点では五一%で賛成の三〇%をはるかにしのいでいますけど。

**浅羽**　この問題については、小熊英二氏当人が、「朝日新聞」のコラム「思想の地層」で触れていました。[4]

デモなどの高揚は選挙と必ずしも結びつかないと指摘した（本書四六 - 四七頁）、あのコラムです。脱原発や安保関連法反対デモや集会の参加者には、「世論調査などをもとに自分たちは多数派だと主張したりする」人がいる。その同じ人が、「自分は地域や職場で孤立している、政治の話題など話せない」と述べる。なぜ、多数派が孤立するのか。おかしいではないか。小熊氏はそう問いかけています。

これはしかし、空気を配慮する日本人の意思決定メカニズムを考えたら、別におかしくないでしょう。

突然の無差別電話で回答をお願いされ、一期一会の調査員と一対一で話す世論調査などと、これからもつきあいが続くだろう皆とオフの場を共有して空気を気づかいながらなごむ世間話とは全く別ものでしょう。

相手の気配くらいはうかがうかもしれない電話、しがらみと場の空気が絶対的である会話、バイアスが全く異なりますから。

ついでにいえば、選挙は衝立で仕切られたところで孤独に行いますが、地域や職場で推す候補がいる場合は、前後の世間話でその話題がでます。孤独な行為だから独自の投票を

4――二〇一五年一〇月一三日付夕刊。

する人がいそうですが、話題となったとき顔色に出るのは怖い。これが地域ぐるみ職場ぐるみのバイアスとなる。

さて、小熊氏は、近隣の人と挨拶や世間話をよくされるそうで、向こう三軒両隣で国会デモへ行った人を二人発見したといいます。その上で氏は、志向の違う人もいるだろうが率直に話そう、無理に自己規制して話せないより、気軽に話せる社会が健全でいい。そう呼びかけています。

### †「向こう三軒両隣」世間に引かれる恐怖を知らない大学教授先生

**浅羽**　正論といえば正論ですし、実践できている小熊氏は立派です。しかし、誰もがそうではないでしょう。自主規制しているといいますけど、それ以前に、デモへ参加し政治を語ってしまう人々には、向こう三軒両隣での挨拶や世間話がどうも苦手というタイプが多いと考えられるのでは。そういう人たちだからこそ、デモや集会が馴染み、居心地がよいという構造を甘くみておられないだろうか。

そういう人々が、**原発や安保関連法の話題を出して、向こう三軒両隣という世間から、ああいう人なのねとレッテル貼られてはぶられる可能性を思う時の恐怖**を氏はどのくらい認識してますかね。氏が有している**「大学教授」という肩書は、それならまあ「ああいう**

**人」でも仕方ないかと世間から認定してもらえる特例バリアー**なんですよ。

――「大学教授」でもない人が、脱原発や安保関連法の話題を出したら、やはり引かれますか。

**浅羽**　まあ、地域にもよるでしょうけどね。世田谷区や武蔵野市や京都市や沖縄は違うかもしれない。

デモ参加者が二人も近所にいたと小熊氏はいわれてますが、相手が小熊氏だから、あるいはそこまでは知ってなくても普通のサラリーマンや公務員や自営業とかとは違う感じの人だなと感じたから（氏の場合、風貌から一発でわかりますよ）、これなら引かれないかもと特別にカミングアウトした可能性はないでしょうか。私も似た体験ありますけどね。こちらが本とか書いてる人だとわかると、ほかですると引かれそうな話題をここぞとばかりぶつけてくるとかね。

小熊氏が指摘した世論調査での多数と隣近所や職場での孤立という矛盾。この落差。ときには、世論調査と選挙結果との落差へ反映するかもしれないこのズレは、けっこう本質的なものだと考えられます。

知識人やデモなどへ行く人、社会問題などに関心が高い人は、世の中を、リアルな生活現実世界とバーチャル脳内観念世界との二重写しで見ていると、第二章で論じましたよね（一二二－一二六頁）。

ここでもあの図式が使えると考えられるのです。

――「セカイ系」で「中二病」だというあれですか。

**浅羽**　はい。あそこでは、ちょっとおちゃらけていまどきの「おたく」的喩えで説明しましたが、意識構造としては、日本の近代化以来、ずっと続いているものです。

K・レーヴィットという哲学者がいます。ハイデガーの弟子でユダヤ人。戦前、来日して東北帝国大学でしばらく教えていた。

宮崎駿監督の「風立ちぬ」に登場するドイツ人のモデルは彼ではないかと考えてるのは、私だけかな。

――またアニメですか（笑）。

## †K・レーヴィットが見た日本人の二階建て意識構造

**浅羽**　このレーヴィットが、昭和一五年に「ヨーロッパのニヒリズム」という論文を発表しました。丸山眞男がこれから引用した一節がよく知られ（『戦中と戦後の間』）、レーヴィット『共同存在の現象学』（岩波文庫）の解説でも、訳者の熊野純彦氏が同じところを引用してます。

レーヴィットは、日本の知識人は二階建ての家だといいます。「階下では、日本的に考へたり感じたりするし、二階にはプラトンからハイデッガーに至るまでのヨーロッパの学問が糸に通したやうに並べてある。そして、ヨーロッパの教師は、これで二階と階下を行き来する梯子は何処にあるのだろうかと、疑問に思ふ」

このヨーロッパの哲学や学問が詰まった二階が、当時のバーチャル脳内観念世界だったわけですね。日本的に考えたり感じたりする一階が、リアル生活現実世界でしょう。

養老孟司氏だったら、二階が「脳」、一階が「身体」だというかもしれません。

レーヴィット先生は西欧人らしく両者のつじつまがどう合うのかわからず困ってますが、日本人はたいがい大丈夫ですね。

一階では空気を読んで二階ネタは出さない。出すのは二階ネタを共有しているとわかってる同業者同士、オタク同士、デモや集会の場でだけ。そちらでは、共通のこうした知識やネタや怒りが主流の空気となりますから。

さて世論調査はどうか、そもそも答えない人も多い。知らない人からの電話は無条件で切る人は決して少なくないでしょう。忙しい人、面倒くさい人も相当います。

そこをあえて答える人は、多かれ少なかれ、二階建ての意識構造を持つ人が多いのではないか。一階しかない人は、いきなり原発とか安保関連法とかいわれても、なんだっけ？でしょう。原発立地自治体居住で利害関係者だとか与那国島や石垣島の漁民でチャイナ船動向や自衛隊駐屯が収益に関わるとかなら、一階ですが。

**二階建ての人は、これらがいまどきの社会問題ですという引き出しが二階にあるので、そこから即いろいろ取り出して回答ができます。**仕入元が朝日新聞系であれ、産経新聞系であれね。

あるいは、二階がまだかすかにあるが物置きとなって久しい人でしたら、ずっと昔、高校の現代社会とか政治経済とか歴史の授業で刷りこまれた意識とか大学の講義室で聴いた話の取り置きを取り出すかもしれません。全共闘世代の人は定年退職してデモへ参加するにあたって二階へ上り、はたきをかけてる。古い道具しかしまってないのにね。

いずれにしろ、電話で社会問題について問われて、一階の意識で答える人は珍しいのではないか。反射神経がそのようにすりこまれていませんから。

端末からの配線がそちらへはつながっていない。原発の是非を問われたら、ああ福島第一原発事故か。やはり再稼働は怖いです～とか二階で即反応して、うちの旦那の会社、東電の子会社と取引してたっけといった一階の意識では答えないでしょう。一時注目された討論型世論調査でもこの事情はたいして変わらないはずです。

——しかし、原発への恐怖や不安までが、バーチャル脳内観念世界の価値観から来ていると片づけられますかね。放射線量はリアルな現実だったから、それまで関心のなかった人たち、殊に子どもが心配なお母さんなども変化を見せ、3・11以後になると世論調査で八割が脱原発支持となったのでは。

**†イシューを独立させて問う世論調査のおかしさ**

**浅羽**　それはあるでしょう。ただ、脱原発八割という世論調査の数字は、政治的には、注目するほどの意味はないと私は考えています。その八割がダイレクトに脱原発政党や脱原発を訴える候補者へ投票するというわけではないのですよ。

なぜなら、脱原発に賛成ですか？反対ですか？と問うわけでしょう。原発の危険を福島第一で思い知った後だったら、そりゃあ賛成が多数派でしょうよ。賛成or反対の単純二択だったらね。

**——二択はだめですか。三択なら違いますか。**

**浅羽**　そういう問題ではありません。問い方がおかしい。一つ極端な例をあげましょうか。北朝鮮の独裁体制を崩壊させ、拉致された日本人を救いたいですか？という質問があったら、反対する日本人はまあいないでしょう。

その場合は、そのために日本国政府は積極的に行動すべきだと考えますか？と問うても、大方は賛成するんじゃないかな。

ではね、その行動には自衛隊による軍事行動を含めますか？だったらどうでしょう。戦争してでも救うかという問いです。こうなるとかなりの人がためらう。

ですから例えば、「日頃、お世話になっている自民党の議員さんが落選しても、原発反対候補者へ投票しますか」などと質問すべきなのです。「あなたの会社の業績に陰りが生じたとしても……」とかね。これだと、賛成は九割に届かないでしょう。

「もし仮に東京でのテロを誘発するとしても、安保関連法に賛成ですか」という質問だったら、反対は九割程度では収まらないかもしれないでしょう。

さらにたとえば、「脱原発」賛成へ○つけた人へ、では脱原発のためならあなたはどこまで犠牲にしてよいですか？　①デモへ行く。②電気なくてもがまん。③電気代高騰してもがまん。④省エネがんばる。⑤以下省略とか質問したらどうだろう。

安保関連法だったら賛成の人に、以下のような事態が仮に起こるとしても賛成ですか？　①派遣された自衛隊員が戦死。②派遣された自衛隊員が外国人兵士を殺害。③自衛隊が継続的戦闘状態へ入る。④特殊技術者などの自衛隊への徴用開始。⑤なんらかの徴兵制施行。⑥以下省略とか質問したら？

反対の人には、阻止できるとしたらどこまでやりますか。①非暴力デモなら行く。②逮捕されても闘う。③拷問されても屈しない。④以下、略……、とか。あるいは、次のような事態に至っても反対ですか、として、①尖閣諸島が某国に実効支配される、②アメリカがＴＰＰとかで日本に不利益なルールを課してくるとしたら、とか。

賛成も反対も濃淡は人それぞれです。それを、賛成、やや賛成、どちらかというと賛成、必要最小限度なら賛成くらいの選択肢で問うても何にもわかりませんよ。**賛成、反対、その代償としてあなたはどこまでコストをかけられるか、受忍する覚悟があるか。ここまで質《ただ》さなければ、肝心な「優先順位」はわからないでしょう。**

**ここがわからないと、原発も心配だけど、戦争は嫌だけど、それより今はやっぱり景気対策なんとかしてくれないと……と考えて安倍自民党へ投票する人たちの選択意思は見えてこない。**脱原発支持も集団的自衛権行使容認反対も多数なのに、なぜ安倍政権は安泰？ということにもなりかねない。

ほかの論点から完全に独立した質問で、抽象的に賛否を問われる世論調査の回答と、いろいろある論点に優先順位をつけながら、もっとも重視するものを中心に候補者や政党を絞ってゆくだろう投票行動とは、別のものだと思いますよ。二三九ページ以下で再説しますが、実際、多くのイシューを並べて最優先はどれ？と問う調査では、原発や安保は、景気や社会保障より下なのですよ。

## †命より大切な会社と肩書き、原発より怖い人事評価

――しかし、原発の問題に関しては、命あっての物種ではないのですか。生命の危険にほかの何が優先するというのでしょうか。

**浅羽**　命より大切なものはない。脱原発を唱える人がよく使うフレーズですね。

これに対しては、すでに3・11が起きた年の秋、根本的な疑問を投げかけた人がいました。作家の金原ひとみ氏です。

「東京新聞」で金原氏はこう書きました。[5]

「命より大切なものはないと言うが、失業を理由に自殺する人が多いとされるこの国で、失業を理由に逃げられない人、人事が恐くて何も出来ない人がいることは不思議ではない」。

「反原発の総理大臣にも、原発推進の流れは変えられなかった。天皇がそれを望んでも変わらないだろう。数万人がデモを起こしても、デモに行かなかったその何百倍、何千倍の人々が願っていても、変わらないままだ」

「人事への恐怖から空気を読み、その空気を共にする仲間たちと作り上げた現実に囚われた人々には、もはや抵抗することはできないのだ」

ペシミスティックな断定ですが、これほどリアリティに富んだ脱原発への懐疑論はそうはないでしょう。金原氏は、「一階」で思考する人々を視野にしっかり繰りこんで考えている。

**キーワードは、もちろん「人事」ですね。**

いままで数十年勤めあげてきて、それを前提としてあらゆる日常が成り立っている企業内存在としての自分。名刺にくっきりと刷られた社名と肩書きでアイデンティファイされる自分。

**世の大方は社名と肩書きあっての物種なのです。命あっての物種ではまったくない。**

社名と肩書きは、終身雇用と年功序列で年収と生涯賃金が自動的に算出され、その下部構造のうえに、住居を構えられる沿線と職場までの通勤時間、妻子の幸せの程度、将来へ描ける夢の規模、人生の選択肢の多寡、老親介護の負担の軽重などが全て乗っかっている。

**それらがぐらぐらと崩壊してゆく恐怖に比べたら、命を失うなんて大したことではありますまい。上司・部下・同僚・家族……。誰もがいずれ死ぬんですから。**

5――二〇一一年一〇月一一日付夕刊。

## †リストラこそが勤め人の「今そこにある危機」

**浅羽**　中高年再就職でハローワークへ通う屈辱の毎日、無事、社に残ったり条件のよい再就職ができた同僚と比べたときのみじめさ、これまでにもまして突き刺さる家族の視線、熟年離婚、末はホームレスすら想定外ではないというリアルなイメージに押し潰されて、ゼロ年代の日本では、中高年が毎年、二万数千人ずつ自殺していったのですよ。

原発の危険性を彼らが知らないわけでは決してないでしょう。しかし、次の事故がいつ起こるかわからず、原発構内でも近隣でもない都市部で、飛来した放射性物質から浴びた放射線で、どのくらいの人が、いつまでにどれほど重いガンにかかるのかは、まるで見えません。とりあえず、「ただちに危険はない」といえてしまう。発病は早くて数年後、晩年ようやく発癌《がん》する例も多い。個人差も著しく、なんともない人がいるのも確からしい。

**この程度の「危機」では、減給への怯え、リストラの底知れぬ恐怖のほうがはるかに優先してしまうのが勤め人の日常というものでしょう。**なにしろこちらは彼らにとって、その破滅への身の毛もよだつプロセスまでがしっかり見えている「いまそこにある危機」なのですから。そしてこの勤め人には、作業員ほかの原発関係の勤労者も含まれるのです。

生命の危険といっても、核テロや東京空爆、首都直下型地震、3・11の大津波のごとき急迫的なものとは違うのです。

**――そうですかね。やっぱり怖いと思いますけど。**

**浅羽**　本年（二〇一六年）は節目かもしれません。甲状腺ガンとかは事故後五年で発病するといわれてますから。そのあたりのデータもよくわからないみたいですけどね。東京新聞などはすでに福島の被曝地の子どもたちに甲状腺ガン急増が見られると何度も報じています。通常の七倍の発症率だという試算もあった。

しかしねえ、それでも約一万人を検査して四年半後で一〇四人とかです。心配することがほかにもいっぱいある生活者の感覚としては、まさか、うちの子までは……で済む水準ですよ、甲状腺ガンは、治療すれば完治するガンで、死亡率も低いし。今後、いきなり数千人が発病とか報じられればまた別でしょうけれど。

「一階」の思考、感覚とは以上のようなものなのです。

**それと比べますと、「命より大切なものはない」というテーゼ、実はきわめて抽象的で観念的ですよ。**生活とか日常とかならまだ具体的ですが、「命」ではね。いきなり「命」を持ち出すのは、実は相当「観念的」な「二階」思考なのです。

**これまで通りの日常と生活が続いて惰性で生きられる幸せ。その延長上の想定内の未来。**

「命」より大切なものなんかいくらでもあるのです。

## †惰性で生きられる会社共同体の日常を失う恐怖

**浅羽**　これは、脱原発や安保関連法反対に燃え、話題が通じる仲間と居場所を得てしまうと、その居心地のよさが惰性となり、隣近所へ話すのが「社会運動」よりもはるかに敷居の高い行動と化してしまうのと似ているかもしれません。どちらも惰性を終わらせなくては進展はないのだけど、人間これがなかなか難しい。

**――先ほどからいわれているような、サラリーマンが死よりも大切にしている安定というのは、しかし、昭和とともに終わったのではないですか。終身雇用も年功序列も。**

**浅羽**　そう言われてきましたね。しかし、そういうオール・オア・ナシングな紋切り型の断定こそがバーチャル脳内観念思考なのですよ。年功による昇給がもう望めないのは間違いないでしょう。しかし、居心地のよい会社共同体がすべて崩壊したかはまだわかりませんよ。

それにここでは、現実の会社がどうなってゆくかはとりあえず関係ないのです。昭和の頃、就職してサラリーマン生活をスタートさせたいまの中年世代は、若き日に刷りこまれた安泰イメージを生涯ひきずる者が多数でしょう。だからこそ、リストラで死んじゃうんですよ。彼らは知識人ではないでしょうが、けっこう「年功序列と終身雇用は永遠、日本株式会社ナンバーワン」という彼らなりのバーチャル脳内観念世界を生きてきたのでしょう。しかも狡猾なインテリと違って、リアルとバーチャルの使い分けに長けていない。一時期までけっこうリアルと一致していたバーチャルをいつしか永遠のリアルだと思いこんでしまった。二階と一階がつながってしまった。

ですから、バーチャル上の会社イメージが崩壊したら、もうセカイは終わったと思ってしまうのでしょう。

**浅羽**　はい。

**――自分や子どもたちの健康ひいては命に関わる脱原発ですら観念的な争点だというのならば、安保関連法反対もやっぱりそう捉えますか。**

## †キリストのごとく峻厳な橋本紅子氏のスピーチ

**浅羽**　私が観念的だというのはこういうところです。『SEALDs　民主主義ってこれだ！』には、メンバーたちのさまざまなアピールやスピーチが収録されています。その一番手、橋本紅子氏の二〇一五年六月一二日のスピーチにこうあります。

「命の危険性に対し、「可能性が低い」「大げさだよ」なんて言いわけは通用しません。その可能性を否定できないこと自体が問題です」

命の危険とは、戦争で誰かが死ぬ危険でしょうね。橋本氏はスピーチで「イスラム国」の手で処刑された後藤健二、湯川遥菜《はるな》両氏の名も出して、二人を結果的に安倍政権の対「イスラム国」戦争への支援金ゆえの犠牲者と捉えています。

橋本紅子氏のスピーチは活字で読んでも、今どきの若い人ならではの実に見事なもので、その場で聞いていたら、かなりの人が引きこまれるでしょう。

しかし、その後、聞いた人を意識の一階部分まで味方へと取りこめるかというと、やはり引かれるなと考えてしまいます。

なぜって、絶対無垢だからです。

ところが、政治的決定というものはほとんどすべてが「失敗する可能性は否定できないが、しかし」という段階で見切り発車するものなのです。

だとしたら、橋本氏はほとんどの政策決定に反対しなくてはならない。**生活に忙しい皆さんにはとてもそんな暇はありません。だから、どこかでそれはいくら何でも「可能性が低い」「大げさだ」と関心・無関心の線引きをしつつ、生きてゆかねばならないのです。**

それが一階的思考です。

マタイ伝には、どうすれば天国へ行けるかイエスに問う裕福な若者のエピソードがありますね。全財産捨てれば行けるよとイエスは答え、若者は悲しみつつ去ったと。えー、んなわけないだろ。悲しむわけあるかよ。貧民へ寄付せよとかならともかく、全て捨てろなんてこいつ、頭いっちゃってるんじゃねえか。そう思って呆れて去ったのだというのが吉本隆明「マチウ書試論」の解釈です。可能性がゼロでなければだめ。橋本氏のスピーチの潔癖さから私は、この逸話を思い出しました。

イエスは神の子だから、二階しかないバーチャル脳内観念世界の住人です。だからこれでよいのでしょう。ちなみにリアリズムを直視しない、つまり一階を無視したこのような倫理学説（カントなど）を、欧米では「天使的誤謬」と呼ぶそうです。

「可能性が否定できない」ならば問題だという訴えを、日々苦渋の見切り発車を重ねて給金をもらっている会社員や公務員はどう聞くでしょうかね。

集団的自衛権の行使容認と駆けつけ警護の合法化。これくらいで、「いま怒らないで、いつ怒るの。法案が通れば、子どもたちに顔向けができない」[6]と盛り上がっていたら身が持たない。

少しでも戦争へつながる可能性が否定できないと見えたら、その可能性がどの程度かと

6——上野千鶴子氏。二〇一五年七月一八日、名古屋市市政資料館前にて。

いうしんどい実証は怠ったまま、ただただこれを通したら平和日本はおしまいと全力で盛り上がるというこの観念性。

同じことが、とにかくいつもアジア太平洋戦争、大東亜戦争（私はあの戦争の侵略的性格を忘れないようこちらの呼称を用います）と呼ばれるあの戦いの悲惨さばかりを訴えつづける怠惰からも感じられます。

## †いつまでも大東亜戦争ばかりを引き合いに出していたら逆効果

**浅羽**　朝日新聞や毎日新聞ほかリベラル系メディアでもこれが定番中の定番でしょう。安保関連法案反対をめぐるシリーズ記事でも、瀬戸内寂聴氏、なかにし礼氏ら戦争体験があって戦後の反戦運動も知る長老が絶えず動員されました。一般的にも若い世代へあの戦争へ関心をもたせよう、失われた記憶を掘り起こそう、戦争体験の語りを引き継ごうといった試みは決まって好意的に報道されます。

戦争の歴史へ眼を向ける企画が悪いとは全く思いません。われらが民族と国家の長い歴史のなかでも未曾有というしかない巨大な試練、我々の近い先祖が体験した、その惨憺《さんたん》、辛酸、すべて繰り返し語られ継承されてゆくべきでしょう。また、あらゆる角度からの検証や評価や批判も加えられるべきでしょう。

だが、それはそれとして、反戦というテーマが浮上するたびに、大東亜戦争の事例ばかりが取り上げられ、話題の中心を占めてしまうのはどうだろうか。

これはやはり議論をいたく脳内観念的なものへ追いやり、リアルな生活現実を営む層をリベラル陣営へ取りこむ可能性を遮断させてしまうのではないでしょうか。

私は八年くらいまえからこれを指摘していましたが、最近は、社会学者の古市憲寿氏[7]とかスタジオ・ジブリの高畑勲氏[8]とかが近いことを語るようになりましたね。

**——え、それはまたなぜですか。**

**私たちの父母や祖父母が体験した悲惨を忘れず語り継ぐのは、きわめて具体的なかたちで戦争を抑止する方法ではありませんか。**

**ましてやそのどこが怠惰なのですか。**

**浅羽**　英国のロイド・ジョージ首相が一〇〇年ほどまえに語ったらしいのですが、**参謀や将軍はいつも、一つ前の戦争に勝とうとして全力で準備している**という警句があります。

7——二〇一四年五月二日付「朝日新聞」朝刊。
8——二〇一五年九月一四日付「毎日新聞」夕刊。

## †反戦運動はひとつ前の戦争に反対してばかり

**浅羽**　次なる戦争に備え、その勝利のために計画を立てなくてはならないはずなのに、どうしても、この前の戦争を想定して準備を構想してしまうらしい。この前の戦争の記憶がまだまだ鮮明で、失敗の悔恨も勝利の歓喜も昨日のことのようだから、つい曳きずられてしまうのです。ですが当然ながら、次の戦争はこの前の戦争とは似ても似つかぬ予想もつかない代物なのですよ。

二〇世紀初頭のヨーロッパの軍人たちは、普仏戦争やクリミア戦争に勝とうとして、第一次大戦で甚大な犠牲を出した。

七十余年まえの日本の軍人たちは、もう一度、日本海海戦で完勝するつもりで大艦巨砲主義へ邁進し、戦艦大和の悲劇とともに惨敗してゆきました。

この笑えないタイムラグは、彼ら軍人たちの対極にあるはずの反戦主義家たちへ鏡像のごとく転写されているらしいのです。

すなわち、**戦争反対を唱える人たちは、もっぱらこの前の戦争に反対してその勃発を防ごうと尽力しがちなのです。**

戦後七〇年、日本の反戦運動はずっと大東亜戦争にだけ反対してきたではありませんか。

あの戦争をあの悲劇を繰り返すなと。しかし、戦争は形態も規模もさまざまです。日清戦争、日露戦争、ヨーロッパ大戦、シベリア出兵、満州事変、日華事変、大東亜戦争……。近代日本が体験した主要な戦争を並べてみてもそれはわかるでしょう。

そして、次に来るべき日本の戦争は、大東亜戦争とはまるで異質のものであって当然なのです。

ここ七〇年、世界から戦争が絶えた年は一年だってなかったけれど、大東亜戦争のごとき戦争は、先進大国同士の全面的交戦という一点だけ取っても、全くなかったでしょう。となると、これまでの日本の反戦勢力の前途には、航空戦の時代に大艦巨砲にこだわり、ミッドウェイの大敗以降、見当違いの決戦を繰り返していった日本軍の末路が待っていないでしょうか。

ましてや大東亜戦争は、きわめて特異な戦争であります。

白人支配を覆す一種の世界革命戦争として正当化された、終わりの見えぬ永久戦争。言論統制、政党解散の翼賛政治など軍国ファシズムと俗称される全体主義的体制。全国民が、あるいは徴兵されて戦場へ駆り出され、あるいは銃後の空襲で死と直面し、物資や食糧の不足に苦しんだ総力戦。無差別空爆や世界初の核攻撃により焦土と化した諸都市。戦場とされ解放&占領されたアジア諸国民からの初期の喝采と戦後長く残った怨嗟《えんさ》。

この戦争が終わって以降、日本は直接的な戦争加担をしていません。おかげで、戦争と言えば、大東亜戦争しか思い出せなくなってしまったのでしょう。あれが戦争であり、反戦とは大東亜戦争の過ちを繰り返させないことだ。そう刷り込まれてしまった。

このツケはこれから回って来るのかもしれませんよ。

たとえば、日の丸君が代の法制化とか自衛隊官舎へのビラまきの過剰な取り締まり、最近では、何よりも集団的自衛権の行使容認、また沖縄の左傾した地元紙を広告収入を断って潰せと放言した自民党議員などは、反戦リベラルたちをいたく刺激してきました。彼らのバーチャル脳内観念世界のルールでは、これらは皆、ファシズムと戦争の色濃い兆候だからです。

しかし、それ以外の人の反応は乏しい。温度差が大きい。自分たちには関係ないと皆、思っていますね。君が代は普通に唄えばいいし、ビラ撒きなんかやらないし。自衛隊員でもないし身内や友人にも自衛隊員はいない。左傾した新聞を愛読してもいないし。ほとんどの人はこんなでしょう。

そして、リベラルのバーチャル脳内観念世界ルールで生きていない彼ら、非「セカイ系」にしてみれば、実際、それで困ることはまずないのです。

そんな連中へ、リベラルが鳴らす警鐘はいつも決まっていました。最初は過激派や共産党が狙われる。だから自分は関係ないと思っていると、社会主義や自由主義も取り締まられるようになる。キリスト教や欧米系音楽、映画も忌避され、サブカルチャーも好戦的方向へ統制されてゆく。気づいたときには、抵抗してくれそうな勢力は壊滅して久しかった。そうしておいて徴兵対象が拡大され、学生、フリーター、ニートも戦場へ送られ銃後の協力が強制される。やがて空襲警報が鳴り、火の雨が降ってくる。そして大量死をもたらす核攻撃。

しかし、これはあくまで大東亜戦争のときの事例です。あるいは同じ時代のナチスの戦争が近いくらい。

## †大東亜戦争をもう一度やるのは困難至極

**浅羽**　今後、日本が戦争をする国となったとき、自衛隊への反戦宣伝などは厳重に取り締まられても、それ以上の言論の自由はけっこう放任されるかもしれない。ベトナム戦争時のアメリカのように。日露戦争のときだって、与謝野晶子の「君死にたもうことなかれ」は非難こそされたが国際世論を考慮して禁圧はされなかった。

徴兵制も昔のままに施行される可能性は乏しいでしょう。経済徴兵の危険も叫ばれていますが、出征一度でちょっとした起業ができるくらいの給与と恩給が支給され、戦死者には億単位の補償金が出るとしたらどうでしょう。

そうしたハイリスク・ハイリターンの人生選択肢があってもよいと考える人はそれなりにいるのではないか。経済徴兵を難じるのだったら、被差別者も混じると海外メディアで報道された原発作業員を、公正な義務徴用制とする案も検討すべきでしょう。

何よりも国際情勢が一九三〇年代とは違いすぎます。植民地争奪戦で経済不況を乗り越えられる時代ではない。当時の満州のような容易に進出できそうな権力の空白地が近隣にあるはずもない。ナチスのごとき同盟相手も考え難い。若年人口は、先進諸国でもチャイナでも減少する一方で、皆、消費文明を満喫して戦争へ夢を託したりはしない。**あの大東亜戦争や第二次大戦など、どんなに力を尽くしても再現できはしないのです。**

したがって戦争自体は、日本へは火の粉も飛んで来ない遠方で始まり終結します。むろん戦争であるから犠牲者は双方にそれなりに出る。遺族には補償と哀悼が、戦死者には狂信的ナショナリズムとは縁遠い、消防士や警官の殉職者と同様の敬意が、国民一般から捧げられるのです。

やがて短期間で戦争は終わり、経済状況や国際的威信において、誰にとっても明瞭な事態の好転を実感できる成果がもたらされたら、どうでしょうか。

こんな戦争に絶対反対を唱えて、国民多数から同意を取りつけるのは、けっこう至難だとは思いませんか。

地震や津波や大事故のごとく、起こらないでほしいがときどき発生する、しかし大多数の国民には直接の被害は及ばぬ非日常的な事件。

戦争をそう捉え直したとき、**反戦のため今の日本で研究すべきなのは、国際世論におされて日本も参加してしまったシベリア出兵とか、領有権が争われていた島々の奪い合いだったフォークランド紛争であって、大東亜戦争ではないでしょう。**

いまどき反戦を訴えるとは、そんな戦争への反対を貫くことなのです。ここに気づかず、**大東亜戦争を忘れるな、教え子を戦場へ送るな、原爆を三度許すな、なんて延々と相も変わらぬことをやっていると、いつしか時代にどんどん追いぬかれていって、気がつくと大東亜戦争と似ても似つかない全く新しい戦争が日常化しているかもしれない。**

絶対悪と断定するのがまだたやすかった大東亜戦争と比べたとき、戦争以外にもいろいろある必要悪、相対的悪との峻別がむずかしいこうした戦争をどう考えるか。

これにリアルな答えを出せたならば、大東亜戦争＝絶対悪に反対するばかりの観念的な反戦論には辟易している、主にリアル生活現実世界を生きている人たちを振り向かせることができるかもしれません。

――なぜですか。

日本がまた大東亜戦争のごとき破局へ向かってゆくという警告は、なるほどさほどリアリティはないかもしれません。

しかし、あれほどの戦争の再来を阻もうという反戦の主張にも乗らない人たちが、今いわれたような限定的戦争に反対するとは思えませんが。

**浅羽**　確かに必ず反対するかどうかはわかりません。

しかし、大東亜戦争のごとき巨大な使命を建前とする戦争と比べて、問題へ食いつきやすいとは思うのです。

バーチャル脳内観念世界を生きているリベラルたちは、集団的自衛権行使の容認といった、これまであった歯止めのうちの小さな一つが外されただけで、一挙に大東亜戦争の悲惨な状況へまっしぐらだと考え、ただただ戦争反対へ邁進してゆきますよね。大東亜戦争は、こういう型にはまったバーチャル脳内観念ゲーム思考にぴったりの戦争なのですよ。あれは悪い戦争ではなかったという反自虐史観で歴史修正主義の人はいても、日本はあれをそのままもう一度やれと本気で思う人はいないでしょう。誰もがそこで一致する絶対悪なのです。

リベラルたちは大東亜戦争に反対するとき、集団的自衛権の行使容認という小さな歯止め外しが、どのくらい私たちの国を次の大東亜戦争へ近づけたのかという議論をほとんどやりません。というよりもできません。**それには、集団的自衛権が使えるようになったらどのような効果が生じるかを、自衛隊の装備・能力と、仮想敵国の軍備・国力、両国を取り巻く国際情勢すべてを視野にいれて分析判断しなくてはならない。**あらゆる実務的能力が求められるのは言うまでもありません。

そしてバーチャル脳内観念世界を生きるリベラルたちは、それがたいがい苦手なのです。

## †情報分析と状況判断の能力なきリベラルが憲法論へ逃避する

**浅羽**　その代わり、彼らがいつも繰り出すのが、憲法論です。こちらは得意ですね。彼我の力や能力のバランスを、刻々変わるルール（国際情勢ともいう）のなかで判断する困難はなく、憲法という絶対ルールを一方的にあてはめて、集団的自衛権行使？　これは違憲だからだめ!!と判断して機械的に仕分けすればそれで終わりですから。

セカイ系のゲームと同様、善悪・敵味方が単純明快なんですよ、憲法論は。**憲法だけ知っておけば、何が来ようがばさばさ斬ってゆけますからね。**その代わり、違憲だと断罪してもその実効性はまるでない。

要するに、大東亜戦争という絶対悪と日本国憲法という絶対善との両極があって、何か政府の政策がこの前者の側だと判断されたら、反対する。ずっとそれだけやってりゃよかった。軍事の知識も国際情勢の最新情報も何も知らなくていい。憲法さえ知っていれば。安保関連法反対の一連の動きで、彼らリベラルへ接近した実務的知性の集団が法曹家だけだったのは象徴的です。法律家は大人の中では比較的、学者や教育者に近い。法的正義の運用という、どちらかというときれいごとで生きてゆける人々なのですから。

対するに、ですね。

リアル生活現実世界を生きているビジネスマンほかの実務家にとっては、彼我の力のバランスを測り、周囲の状況もにらみながら、最善の策を練りあげた上で繰り出すのは、仕事で日々やっていることなのです。

**だから集団的自衛権の行使容認が是か非かも、憲法に照らしてどうのではなく、必要かどうか、有効かどうかで判断してゆく。**

チャイナ海軍の能力がまだまだ低いらしい。だから、今すぐ安全保障強化の策が必要かというと疑問だ。それにアメリカは経済上のお得意さんであるチャイナへ軍事制裁など加えてくれそうもない。だとしたら、集団的自衛権行使で媚びても、肝心なときに守ってくれるかは心もとない。しかし、日本はここまでアメリカと一体化しているというパフォーマンスとしては、集団的自衛権の行使解禁も、諸国への一定のアピールにはなりそうだ。あれこれを考え合わせると、一案として認めてみるのも手だが、どうしてもいま必要ともいえない。しかし今、アメリカと摩擦を起こしても仕方ないから、今回は言うことをきいておくか。

などと考えていくわけです。こうした思考が、二〇一五年の安保関連法への賛否論議で、あまりに欠けていたという指摘は、仲正昌樹氏[9]、藤原帰一氏[10]、佐藤卓己氏[11]などもされてましたね。

**大事なのは、こちらのリアル生活現実世界では、絶対的正解はありえないということです。**

バーチャル脳内観念世界だったらそういう正解がある。集団的自衛権の行使容認は違憲だとされたら、その先生が説を変えないかぎり、国際情勢が変わっても違憲は違憲でしょう。

9――二〇一五年一〇月三日付「朝日新聞」朝刊。
10――二〇一五年八月二五日付「朝日新聞」夕刊。
11――二〇一五年九月一九日付「朝日新聞」朝刊。

## †政策とは畢竟、運へ賭ける決断である

浅羽　しかし、リアルは違う。**そもそも彼我の力のバランスとか取り巻く国際情勢とかいっても、どんな学者でもジャーナリストでもあらゆる必要情報を掌中へ入れるのは至難です。不完全情報で見切り判断するほかない。また、情報が完全でも事態は刻々変わりますから、すぐに有効でなくなる。**また、日本の場合、最前線の情報はアメリカが教えてくれなかったりするし。

**ではどうすればいいのか。どうにもならない。いわば知的分析の限界ですから、あとは賭けですよ。カール・シュミットのいう「決断」をして結果は天へ任せるしかありません**

集団的自衛権の行使容認は、橋本紅子氏がアピールしていたように、誰かが死ぬことイコールなのかもしれない。あるいは逆に、容認しない選択こそが、最前線で思わぬ武力の空隙を生じさせ、かえって誰かが死ぬ結果を招くのかもしれない。「可能性」は両選択肢にある。

こうした賭けは、**実は、ビジネスや行政の現場で日常的に行われている。リアルな生活現実世界を生きる実務家にとっては何をいまさらな領域なのです。**

――そうしたリアル生活現実社会を生きているビジネスマンなどへ通じるように、いまのようなクールなゲーム理論っぽいお話をふっかけたところで、意味があるのでしょうか。

そりゃあ、大東亜戦争の悲惨とか、憲法論よりは耳へはいりやすいかもしれません。しかし、彼らはやっぱり反戦を選ばないのではないですか。

**浅羽**　そのときは、集団的自衛権行使容認が通ったら、もう日本はおしまい、大東亜戦争へ向かうのを誰も止められなくなるっ！とテンパって熱くなってる自分たちを相対化し、クールダウンしてから出直すよいチャンスだと思うべきですね。自分たちのバーチャル脳内観念世界限定の危惧に過ぎなかったのかも……とフィードバックしましょう。

この章の最初で論じたように、反戦リベラルには、ほんとに均質的な人々しかおらず、自分たちを現場からのフィードバックで修正してくれる実務的知性が実に乏しいのですから。

二〇一五年八月三〇日の国会前へ一二万人集めた抗議行動の実行委員・高田健氏は、「六〇年安保」と比べて「幅が違う」、「おじいちゃん、おばあちゃん、若者も子どももいる」と語ったそうです。[12]

12――二〇一五年九月一九日付「朝日新聞」朝刊。

## †三ちゃん二生のデモ――実務的知性の希薄

**浅羽**　これを読んで私は、なんか三ちゃん農業という古い言葉を思い出しました。昭和の高度成長期、日本社会のサラリーマン化で農業地帯でも跡取り息子は会社員となってしまい、先祖伝来の田畑は、彼の両親＝じいちゃんばあちゃん、嫁＝かあちゃんの三ちゃんが耕しているという意味です。デモ参加者も、同じくばあちゃん、じいちゃん、母親、そして若者子どもで、ここでもサラリーマンが欠けている。朝日新聞は、二〇一五年九月一五日付朝刊で、デモ参加のサラリーマンへスポットを当ててましたが、働き盛りの会社員も全くいないわけではないというニュアンスでした。

六〇年安保の中核戦闘部隊だった組合労働者が、参加者の幅が広かったといわれるいまどきのデモからは、すっぽり欠けてしまっているのです。

むろん、昔ながらの労働組合員なんていませんし、その末裔である連合も原発反対はできず、安保関連法反対では、やっとSEALDsの後追いをやっているレベルです。

それは仕方ないのですが、ビジネスの現場の働き盛りが数えるほどしかいないような社会運動は、学生、子ども、おじいちゃんおばあちゃんという、労働の現場を離れた人たちのものとなってしまう。右の記事は、国会前抗議行動の主催は、平和運動を続けてきた市民でつくる「戦争させない・9条壊すな！総がかり行動実行委員会」「ママの会」「SEALDs」「学者の会」だと報じてます。総がかり委員会は先の高田氏のような歴戦の高齢者ですから、じいちゃんばあちゃん、かあちゃん、それに学生に先生、三ちゃん二生のデモということになる。

この参加者では、バーチャル脳内観念世界な人々の、憲法守れ、大東亜戦争は嫌だの憲法をとにかく守ろうといった倫理的観念論が支配的になってしまいますね。それでは、閉じていってしまう。そして、自分たちの主張や立場が、もしかしたら誤っているのかも……という懐疑を手離さずに自己検証する機会をなくしてゆくのです。

**――どうにか現状を抜けだす手だてはないものですか。**

**浅羽**　そうですね。デモなどへ集う人々、彼らを仕切る人々が、これまで忌避しがちだった実務人たちの思考方法を身につけてゆけば、浮かぶ瀬もあると考えられます。

さらに必要なのは、実務人が仕事を介して身につけてきた能力ですね。それによって運動を機能集団へと育ててゆく。

まだまだ将来の夢ですが、例によってこうした動きのかすかな芽生えと考えられるものを挙げてみましょうか。

官邸前見守り弁護団という集まりが二〇一二年に生まれてますすね。弁護士が黄色い腕章をつけてかならずデモ周辺に立つ。これだけで警察による写真撮影などは抑えられるそうです。ほかには警察とのトラブルなどがあると助力するとか。過剰警備に抗議するとか。それだけですけどね。

### †「ビール瓶の蓋一万個」か「蓋ひとつと瓶ひとつ」か

**浅羽**　このささやかなエピソードに私が興味を抱いたのは、デモへ参加する人が、奥田愛基氏が強調するような「一人一人」や「個人として」の参加であるがゆえの限界を突破するヒントがここから見えそうだからです。

「一人一人」や「個人として」が、組織でないがため力を継続しがたい弱点を持つことは、一章で指摘しましたよね。もう一つ問題があるのです。

「全体は量の概念ではない。あくまで質の概念である。ビール瓶の蓋は一万あつめても全体を構成しえぬ。が、一つの蓋と一つの瓶とは、全体を構成するのに十分な素材である」。

これは福田恆存『人間・この劇的なるもの』の一節です。デモは一二万人が集まればかなりのものですが、それでは量の力でしかない。これを質の力としてゆく転換が、本当に勝ちたいと考えるリベラルには必須ではないでしょうか。

弁護士一〇〇人以上を擁し、デモ主催者とはつかず離れずで、しかし必ず付き添うという見守り弁護団には、デモが質的全体へと向かってゆくかすかな一歩を見た気がします。

「一人一人」「個人」を強調した奥田愛基氏は、反知性主義と見られるこんな発言もしていました。「この国では普通の人が意見を言おうとすると、「ちゃんとした知識があるのか？」とか「この本は読んだの？」と文句を言われ、「学生のくせに」「主婦のくせに」と分断され続けてきた……。じゃあ逆に聞きたいけど、誰なら意見を言えるのか。日本は民主主義の国だから、学生でも、フリーターでも、主婦でも意見を言っていいはずです」

「日本は民主主義の国だから」という「である」思考がまず微笑ましいですけど、まあいいでしょう。**たしかに誰が意見を言ってもかまわない。しかし、それだけ。言っていいだけ。それ以上ではない。口を封じられたら抗議してもいいけれど、発言を無視・軽視・蔑視されても、嘲笑されバカにされて文句を言われても、言論の自由市場へ泳ぎ出た自分への他者からの審判として引き受けざるをえない。**それが嫌ならば、知識や本はあまり関係ないと思うけど、聞かせるだけの意見を吐ける実力を育むしかない。学生や主婦すべてがだめではむろんないけれど、「のくせに」とバカにされるのは、実務能力で世の中の仕組みを担う実力備えた有能な部品になっていない人が多いからかもしれない。バーチャル脳内観念世界しか有しない内向きの言葉しか出て来ないさと思われるからです。

**そうした言葉ばかりを集めても、ビールの蓋《ふた》一二万個でしかないでしょうね。力へと組**

**織化はされない。**

民主主義は個としての人間平等をいいますが、個としてだけ平等で、それ以外では全く平等ではないという本音は巧みに隠蔽されています。「個」なんていううわべの飾り、根拠のない上げ底が、真実を覆い隠す目眩《めくらま》しだと気づけば、**人間は格差もありますが能力の多様性もあり、凸と凹とを巧みに組み合わせて力あるマシーンを構築できるのですよ。個のままだったらビール瓶の蓋のコレクションにしかなりませんけどね。**

——一章で話された趣旨が少しわかってきた気がしました。組織化で力をつけろといわれたのは、リーダーが統帥してとかではなさそうですね。それぞれ異なる能力を組み合わせようという意味でしたか。

**浅羽**　そんなところです。

## †上野千鶴子と國分功一郎——「勝ちぐせ」と「敗北直視」

**浅羽**　上野千鶴子氏、國分功一郎氏らの発言にも、希望の芽はうかがえます。

上野氏は「毎日新聞」で、社会運動の本を幾つか紹介していました。[13]そのほとんどが意義や思想を述べた著ではなく、現場体験に基づくノウハウ本です。ことに障碍者自立生活運動のリーダー・中西正司氏の『自立生活運動史』を紹介する上野氏の筆は躍っています。

厚労省の役人とのやりとりや舞台裏が書かれ、「してやったり」の成功体験が書かれている点を上野氏は最大限評価するのです。

「運動は成功体験が積み重ならないとじり貧になる、なかなか到達できない大きな目標を掲げるより、小さな勝ちぐせをつける」

上野氏は、二〇一五年四月七日付「東京新聞」夕刊でも、杉並区の母親たちの保育所一揆について、「小さな目標を設定して変化を実感する「やったぜ感」を味わう」ことの重要性を語っていました。

國分功一郎氏は、『来るべき民主主義』（幻冬舎新書）で、氏の名を高からしめた小平市の都道計画見直し要求の市民運動と住民投票請求を率いた体験を語ります。

行政へもの申す場合のとほうもない面倒くささが詳細に書かれていて、山本夏彦の言をもじって「革命は些事から成る」と呟きたくなりますが、ここでは次の箇所を引きます。

「私は、（中略）運動を応援し始めた頃から、「あの運動にはあの運動なりの意義があった」という風に住民投票運動を総括することは絶対にやめようと思っていた。私にとってのこの運動の目的は、どう考えても納得できない道路計画をストップさせ、雑木林を守る

13――二〇一五年二月一七日付夕刊。

ことである。もちろん、そうした運動の副作用として、日本の住民自治が高まるということはあるかもしれない。しかそ、それはあくまでも副作用として考えられなければならないのであって、それを目指したらダメだと思っていた」

そして、行政側のかなり卑劣な策動があったとはいえ、それを乗り越えられなかった住民投票の敗北を失敗、負けだとはっきり認めています。

**――今度は二章のあれですね。勝ち負けを世界観的意義づけであいまいにして、効果測定や検証可能性から逃げる欺瞞の問題。**

**浅羽**　そうなんです。國分功一郎氏はそこを十二分に自覚して退路を断ったのです。高橋源一郎氏へ読ませたいですね。野間易通氏もここまでは言ってない。

住民投票という戦術を用いた点も重要かもしれません。数字が出ますからね。脱原発でも山本太郎、宮台真司、千葉麗子ら各氏が中心となって住民投票要求の署名が三二万筆以上東京都へ提出されましたが、議会に却下されました。負けは負けですが、どの程度負けたかが数字で明確にわかるのはよいですね。効果測定、検証可能性が担保されますから。

中西、國分両氏の闘いは、本書では触れられなかった「官僚機構」というもう一つのラスボスの姿を浮かび上がらせているという意味でも知っておいたほうがよいですね。

**――三章に関してはどうですか。希望の芽生えは見えますか。**

**浅羽**　ちょっとまだわかりませんね。ですから願望まじりの予測を述べてみましょう。サラリーマンおよび実務家社会人を巻きこまなければ、リベラルは勝てない。それは量の話ではありません。

## †実務家社会人の関心は景気と社会保障

**浅羽**　原発や安保関連法には、日本の社会経済を具体的に担っている現役たちから見たら、いまどうしても食い止めなくてはならないほどの急迫性が実はない。あるとしたら、日本リベラルのバーチャル脳内観念世界限定の話であり、そんな疑似問題を真に受けてこだわっていたのでは、とても勝てない。

これを知る必要があるのですよ、リベラルの皆さんは。

あくまで参考程度に挙げておきますが、世論調査でもこれは表れてます。二〇一二年一一月一七日と一八日に実施されたFNNの世論調査で、翌一二月中旬の衆院選の争点を一つだけ訊いたところ、「景気・経済対策」が三三・六％で、原発・エネルギー政策は七・九％でした。

景気回復とはすなわち、失業可能性が、人事の恐怖が遠ざかることでしょう。金原ひとみ氏は正しかったのです。

この順位と割合は、一昨年（二〇一四年）暮れの総選挙前の調査（「政治に関するFNN世論調査」二〇一四年一一月二二日・二三日）でもほぼ変わりませんでした。アベノミクスを掲げた自民党が二つの選挙を制したのも無理はありませんね。

福島第一で惨状を晒した原発ですらこうです。ましてや、厳格な条件つきの集団的自衛権の行使容認などが、戦争と徴兵制復活の始まりだといわれても、失業や人事と比べたら、風が吹けば桶屋がもうかるの類にしか聞こえませんよ。

それでは、急迫性のある真の問題とは何でしょうか。

実は、原発や安全保障をはるかにしのぎ、景気対策へ迫り（二〇一二年で二〇・六％、二〇一四年で二五・一％）、複数回答式が採用された二〇一五年一〇月二四日・二五日の調査では景気（八九・一％）も安全保障（七四・四％）も抜きトップとなった（八九・六％）争点があります。社会保障です。**放射能も徴兵も免れたとしても、やがて身体の自由がままならなくなり死の床へ就く日は来ますよ。また介護はサラリーマン多数の深刻な関心事でしょう。介護労働者は低賃金と過重労働にあえぎ、虐待や劣悪施設のうわさも絶えません。**

その点、安倍政権はあなどれません。介護離職対策を、アベノミクスパート2の柱にして、まがりなりにも介護職員の給金を上げようとしてますから。

## †肝の中の肝は先取りしている安倍〝社労族〟政権

**浅羽**　湯浅誠氏が二〇一五年一一月一〇日付「朝日新聞」朝刊紙面批評で、総スカンを喰らった一億総活躍社会には、難病患者や障碍者をも包摂する地域や家庭環境へ変えてゆくという一項があったが、朝日はこれを報じず、非難したと指摘しました。

安倍晋三は祖父岸信介の政治的DNAを継承しているとよく言われます。そのときDNAとは安保重視のタカ派志向をいうのが普通ですね。しかし、**岸信介には、世界に冠たる国民皆保険・国民皆年金を実現した功績もあります。東大法学部トップの秀才だった学生時代、北一輝を訪問して心酔したといわれる国家社会主義者でもあるのです。**このDNAも安倍晋三は継いでいる。「一応、社労族です」というのが好きで、実際、橋本内閣時代、介護保険法成立へ向け尽力したらしい（二〇一五年一一月二一日付「朝日新聞」朝刊）。二〇一六年一月二二日の国会演説では、同一労働同一賃金の実現を宣言したでしょう。まあ、年金受給年齢を引き上げたのも安倍氏ですけどね（「週刊文春」二〇一五年一二月二四日号）。

湯浅氏は、権力をくさせばいいってもんじゃないと朝日をたしなめていました。

たしかに、どうせ廃案にできない安保関連法反対をいい続けるよりは、社会主義者晋三を覚醒させる方向でよいしょすべきかもしれません。

だって軽減税率見ても、自衛隊駆けつけ警護の先延ばしを見ても、参院選意識しまくりでしょう。せっかくだからつけこまなくては損ですよ。

――結局、安倍政権には勝てないですか。

**浅羽　勝てばよいというものではない。すなわち、倒して済むものでもありませんよ。もちろん追従していればよいというわけでもない。権力はどうせならツールとして、世の幸せのために使いきるものでしょう。どうせなら、せいぜい酷使しなくちゃ。**

実務家社会人を巻きこむというのは、さらなる夢のためでもあります。

柄谷行人氏や小熊英二氏は、「デモのある社会」の実現に狂喜していました。それが定着するかはまだまだ未知数ですがね。

しかし、本気で権力と拮抗したいなら、デモ復活だけでは片手落ちじゃないですか。

次は、ストライキ復活！　ゼネ・スト決行！　これですよ。

**†デモよりゼネ・ストのある社会を！**

――でも連合も昔の労組ではないし、労働者も強く組織化されてるとはとてもいえないし、誰がストやるんですか。

**浅羽**　ゼネ・ストは従来、産業や流通がストップするくらいの大規模なものと考えられてきました。しかし、かならずしもそうである必要はない。**世の中のネックとなる部分を担う職種や部署が仕事を止めさえすればよいのです。**

復帰前の沖縄で、アメリカ軍の重圧下にあった全軍労という労働組合の看護師がストをしたことがあるそうです。折しもベトナム戦争。後方へ送られてきた傷病兵を誰も看護しなくなり、米軍はびびりまくったらしい[14]。

昔は国鉄のストで電車が止まるなんて珍しくなかった。

**――お爺さん、また昭和の話ですか。しかしそれってえらい迷惑ですね。**

**浅羽**　ええ。国民の支持が得られないので、だんだんやらなくなりましたけどね。ストで多少不便が生じても、訴える内容の重大さを理解した国民は、仕方ないと甘受して許す。ここまで情勢が進まないと勝てないのです

そして国鉄民営化、総評の連合への吸収、国立大学独立法人化と日教組弾圧、公明党と創価学会の政権への取り込み。これらの変動によって、大きな影響を世に与えるストやロビイングのできる「中間集団」が失われ、政府に拮抗して権力分立を顕現させられる社会的「力」が消えていった。このあたりの議論は柄谷行人氏のパクリですが。終身雇用と年

14――二〇一五年一一月二〇日「朝日新聞」夕刊。

功序列が揺らいで、企業共同体が安泰でなくなったのをこれに加えてもよいでしょう。ストもこれらと軌を一にして消えてゆきました。

――じゃあ、だめじゃないですか。

**浅羽**　いやいやわかりませんよ。日本は右肩さがり、もう成長はない。縮みゆく社会となってゆきます。人口減少で人手不足が深刻化しつつある現在、「労働」と「生産」の拒否が力を持つ世の中の復活はあり得ます。

昭和三〇年代ブームが一〇年くらいまえにありましたが、さまざまなかたちで昭和的コミュニティを回復したいという動きは生じてきています。シェアとかミニマリズムとか。崩壊したといわれる企業共同体ですが、イベント好きの若い世代は、社員旅行や社員運動会の復活をあちこちで突きあげているらしい。東京三菱UFJ銀行では制服が復活しました。新人類からバブル世代の個人主義者が、懸命に終わらせた高度成長期以前の企業ムラ文化がこうして平成生まれの「さとり」世代の手で再生されつつある。

**私はこれを昭和への巻き戻し、スイッチバックと呼んでおりますけどね。**

創価学会、日本共産党への期待については略します。

†コミュニティ再生の世紀――もう一つの戦前へ

**浅羽**　ひと皮むけたかたちであれ、これらのコミュニティ再生があるならば、その担当する部署を質に取ったストライキで、さまざまな権力制御のチャネルができるのも夢とはいえないでしょう。リベラルはそこへ賭けるべきなのです。

**――うーん。コミュニティ再生はわかる気がしますが、昭和のような大企業や大労組、大宗教ではなさそうですから。一斉に立ち上がって権力を詰問するのはむずかしいのでは？**

**浅羽**　リベラルのカリスマが呼びかければできるかもしれませんよ。反戦でおそらく脱原発なリベラリストが雲の上にほらひとりいるでしょう。

ちなみに花田清輝はこの戦略をもう四五年まえに提唱してましたよ。

**――また名前が出たその花田清輝って何者ですか？**

**浅羽**　「中二病でも恋がしたい！」や「響け！ユーフォニアム」などのアニメ脚本家・花田十輝氏のお祖父さんで名づけ親ですよ。

**――なーんだ、そっち系の人ですか……。で、なんていってるんです？　花田清輝は。**

**浅羽**　「このさい、天皇の名において全プロレタリアートにむかって、ゼネストを呼びかけてみたら、如何なものであろう」（「非暴力の象徴」『冒険と日和見』所収）。

## 「意見が違う人」と「立場が違う人」

作家・高橋源一郎氏とSEALDsメンバーとの座談会本『民主主義ってなんだ?』で、奥田愛基氏が思想的には対極にいるとも思われるマンガ家小林よしのり氏と対談したことについて、高橋氏が「いいことだと思う」と奨励する箇所があった。高橋氏は「違いって大事だと思ってる」とし、「意見の違う人の所に行くべきなんだね。つまり、コミュニケートするっていうのは、相手と違う意見だからするんだ。同じ意見の人とはコミュニケートする必要があまりないわけだからさ」と説くのだ。

ここで提起されている問題は、本文中での、隣人や同僚をオルグできるか、リベラル仲間の同質性を打破できるかという問いかけと近いようで実はかなり遠い。

高橋源一郎氏やSEALDsの奥田愛基氏と小林よしのり氏との異質性は、上野千鶴子氏とネトウヨ諸氏との異質性とならわりと近いかもしれない。なぜなら、互いに意見の内容はまるで異なり、まっこうから対立するであろうが、政治や社会について「意見」なんてものを持っている人たちという意味では、まったく同質の同類だからである。

私が、反戦や脱原発を訴えるいわゆるリベラルの人たちに話してほしいと思うのは、小林氏やネトウヨ氏ではない(同じリベラル同士としかコミュニケートしないよりは、意見がひどく異なる人とも話すほうがまだましなのはもちろんであるが)。

より外側で生きている人々。「意見」など持たず語らない人々だ。彼らは「意見」をではなく強固な「立場」を生きている。

たとえば原発立地自治体に生きる人々とだ。石垣島、与那国島といった、尖閣諸島が目と鼻の先にある人々とだ。

原発の危険や非経済性を説き、安保関連法の危険性を訴えたとき、彼らはこう呟くのではないか。「学生さんのも先生方のも、立派な意見だ。私もまったくその通りだと思うよ。正しいよ。でも俺たちは原発で暮らしを立てている。今なくなったらおまんま食い上げだ。生活費からガキの教育費まで、あんたらが払ってくれるかね。くれないのなら帰ってもらえねえか」と。南の島々の場合は、この原発を自衛隊と置き換えたらよい。むろん自衛隊関係者と話し合うのもよい。

彼らは「違う意見」ではないのだ。「厳然たる現実」なのである。

原発で自衛隊基地で生活できている人々とは、われわれの隣人や同僚のことでもある。われわれ自身だってそうかもしれぬ。愚かにもうかつにも気づいていないだけで。

自民党を支持している層の中心とは、自衛隊が集団的自衛権を行使できたほうがいいという意見の人たちか。アベノミクスへ日本経済を託す意見の人たちか。たぶん否だ。うちの店の会社の許認可の際、監督官庁の役人に口をきいてくれ、子女の就職を斡旋してくれる先生が、落選してしまっては困る人々であろう。その先生が原発推進派だとしても、戦争法案賛成だとしても、議員バッチをつけていてくれなくては生活にかかわるのだ。

彼らが投票先の鞍替えをしないかぎり、リベラルの政治的な勝利はない。「立場」というものが未だない若年層の投票率がさっぱり上昇しない理由ももうおわかりだろう。

# エピローグ

――お話を伺ってもっとも感じたのは、反安保関連法や脱原発を訴えて頑張っている人たちに、たとえあなたがいわれるような問題があったとしても、何も行動していないあなたのような人にいわれたくない。これですね。「冷笑的になることほど楽なことはない」というSEALDsメンバーの言葉を、二〇一五年一〇月一五日付「朝日新聞」朝刊で、市川美亜子記者が引用しています。「AERA」誌の二〇一五年四六号では、小島慶子氏がインタビューした奥田愛基氏が「どうせ「変わらない」」と、斜に構えて言っている人が一番ダサい」と語っていました。どちらも本書のためにあるような批判のように思われますが。

**浅羽**　なるほど。確かに耳の痛いところですね。当方、ガキの頃から「冷笑家」をもって任じてきましたから。そしていっしか真剣で一生懸命な人たちを「せせら笑う」（花田清輝）悪口専門の嫌味系物書きまで堕ちました。しかしその分、今いわれたような批判を聞くのもこれが初めてではない。とっくに耳も慣れ、鼓膜とやらも面の皮同様、けっこう厚くなっております（笑）。

「冷笑的になることほど楽なことはない」。そうかもしれません。しかし、何かに「反対する」のも、そんなに大変でしょうかね。私には五十歩百歩な気がします。三章の末尾で、上野千鶴子氏が「勝ちぐせ」の記録として推奨した『自立生活運動史』が描く、各駅へのエレベーター設置要求ほかの厚労省との闘いの経験や、國分功一郎氏が『来るべき民主主義』で記す小平市都道問題で行政へ働きかけてゆく経緯などに触れました。

これらは、読むだけでも、がちがちの官僚システムへ粘り強く対峙しつつ活路を探ってゆく闘いの底知れぬしんどさが伝わってきます。M・ウェーバー『職業としての政治』の有名な一行、「政治とは、情熱と判断力の二つを駆使しながら、堅い板に力をこめてじわっじわっと穴をくり貫《ぬ》いていく作業である」（脇圭平訳）を否応もなく思い出させます。

こうした闘いへの入門として、藤沢周平の『義民が駆ける』（中公文庫ほか）がお薦めです。幕府老中の理不尽な国替え要求へ、藩主家老から百姓までが、それぞれの利害から抵抗運動を組織し、将軍から大奥から各藩各職の利権・面子・思惑がからみあう複雑怪奇な権力状況を巧みに利用する物語です。最後は勝利に終わる。

**――『下町ロケット』みたいですね。勝てたのは、小説だからでしょう。**

**浅羽**　いやいやこれは史実です。ただ運もよかった。しかし、運を味方につけるのも政治では実力のうちですから。

何か行動するとはこうした営みなのではないですか。**そうした現場で日々行われている実務的格闘とくらべたら、「反対」や「抗議」も「冷笑」も、「お気楽なもの」としてさほど違いはなく見えるのではないでしょうか。**

次に「どうせ「変わらない」と、斜に構えて言っている人が一番ダサい」ですが、まずこれと同類のセリフ、大東亜戦争中、耳にタコができるほど聞かされたものです。もちろん私は生まれていませんが（笑）。

**敵がB29や特殊爆弾で侵攻しようというとき、バケツリレーや竹槍訓練で盛り上がっている町内会の顔役さんとかがいかにも言いそうでしょう。どうせだめだといって戦わないのは非国民以外の何者でもないとかね。**

客観的に、これはとても勝てないと判断された場合、どうせだめだと言える勇気が讃えられることは少ない。『金曜官邸前抗議』には、「社会運動に対して冷笑的な人が、一生懸命デモをやっている人に向けて」「効果あるのか」という言葉を投げかけてくるとあります。この「一生懸命」（楽しくお気楽なデモじゃなかったのですね）に日本人（に限らないでしょうが）は弱い。特攻隊の悲劇は、大東亜戦争の肯定派・否定派を超えていまなお人気です。そこへ冷や水をかけて話の腰を折る冷笑家は、いかにもダサく見えてしまう。そしてダサいと言われるのは誰だっていやでしょう。

しかしだからこそ、こちとらのような逆立ちしてもイケてないオワコン老害じじいが、一生懸命やってる皆さんへ、そっちを目指したのでは、そのやり方では、せっかくの一生懸命も不毛に終わるのではないか。大東亜戦争末期の悪あがきや、戦後において共産主義へ若さを捧げた学生たちの消耗を繰り返してよいのかと懐疑を意地悪くぶつける悪役を、どれほどダサく見えようとも引き受けなければならないと考えたのです。

それにしても、一章、二章で論じたごとき、「勝てるか?」という効果測定の視点ではなく、三章で説いたごとき、「どれだけ多様な人々まで巻きこめているか」という普遍性の視点でもない、「ダサい」vs「イケてる」という視点が政治行動をめぐって前面に出てきているのは、どうだろうか。

戦争を肯定するのがイケてて反戦なんかもうダサい時代が来たら、この人たちはどうするのでしょうね。バスに乗り遅れるなとあわてそう。史上そういう例は多いでしょう。イケてなかろうがダサかろうが、自分にとって生き死にに関わる問題だから闘うしかない。そういうものでない限り、私は眉に唾をつけざるをえないのです。

――現在のリベラル派では、「自分を当事者から外したシニカルな視点とか、集団的なパワーは古くて、冷静な個人でいることが新しいんだ、という語り口」はもう古くてダサく体制側の仕草だ(高橋若木氏、「SIGHT」二〇一五年四月増刊号)とか、「相対主義的な冷笑は権力へ追従しているだけだ」（山口二郎氏、二〇一五年九月二〇日付「東京新聞」朝刊）とか言われてて、あなたのような態度は戦略的・戦術的にも敵を利するものだとされていますよ。

**浅羽**　だって、私は本来、リベラル派ではありませんから。いわゆる保守でもなく、民主主義を原理的に否定する封建主義者です。選挙制度すら消極的容認で、投票には行かない。

それが大前提ですが、現実的政策判断としては、現在の安倍政権の政治は、そんなに悪いものではないと考えています。

原発についても反対派ではありません。脱原発派が批判する危険性や問題点はほとんど正しいでしょうが、ウラン枯渇などで誰が見ても立ち行かなくなるまで短くて数十年、原発はなくしようがない。それを大前提として、次なる事故そのほかの最悪のリスクを覚悟の上で可能な限りの安全対策を重ねてゆくほかないでしょう。廃炉そのほかの研究を進めながら。なにしろ今は第四間氷期です。次の氷河期が到来したら、放射線のリスクなど甘受してでも、核エネルギーに頼るほかないかもしれませんし。

当分はなくならないと断定するのは、戦後高度成長の構造と骨がらみとなっているからです。朝日新聞連載の「プロメテウスの罠」で、六ヶ所村の悲劇がルポされている。半世紀近くまえ、村の若きリーダーがロサンゼルスへ視察旅行をし、満艦飾に輝く夜景を眺めて憧れる。いつか、日本も青森もと。経済発展で日本列島は、宇宙から目視できる不夜城と化したが、トリクルダウンは彼の村までは届かなかった。そこへ、廃棄物処理工場誘致という話がやってくる。全国の原発は、これと同じ経緯で日本列島の僻地へ次々に建設されていったのです。これからは中央アジアほかが新しい僻地となりそうですね。

　福島第一原発の直後、新しい社会運動スタイルの一嚆矢となった高円寺の脱原発デモに際して、主催者周辺の「デモの効果はわからないけど、少なくとも高円寺には原発を作らせるのは不可能だ」と胸を張る発言をネットだかで読みました（記憶定かでないので誤認あったらごめんなさい）。あまりの傲慢さに私は言葉を失いました。**カルチャーにもサブカルチャーにも遠い辺境へ押しつけた原発から送電された電力で夜を徹して遊び踊り語り合う。それを今後も続けたいというに等しいですからね。**

　理想を申せば原発は、日本の電力がもたらした豊かさを特権的に満喫している代償として東京へ。たとえば、一番住みたい町とされる吉祥寺へ。これでなくてはおかしいでしょう。千代田区なら、うちの広い地所の一角を提供しようか、冷却水湛《たた》えたお堀もありますよといいそうな老夫婦が約一組おられますし。

　ついでにいえば、沖縄という辺境への基地集中を批判し、辺野古移転反対をいうならば、日米安保下の繁栄を最も享受する東京の米軍基地を拡大せよというべきでしょう。

　さらに、国を挙げて戦争ができる日本を築くならば、**高学歴・高偏差値・実家の年収一**

**〇〇〇万円以上の子息子女から徴兵してゆくシステムを確立すべきでしょう。累進徴兵制です。**

そうなれば、政財官界トップは、我が子を殺したくないから、開戦へ踏み切る確率は激減すると考えられます。戦争ができるけどしない国の完成です。

**——では安保関連法にも賛成ですか?**

**浅羽** ことさら反対するほどの事例ではないでしょう。それでも一つ容認したら歯止めがきかないという主張をよく聞きますが、それをいったら、あらゆる施策が戦争へつながる可能性を含んでいます。住民票だって当初は徴兵準備だと反対されました。極論すれば、SEALDsだって、政治に無関心な世代をデモへ赴かせたあのかっこよさは、国防へ無関心な若者を戦争へ赴かせる宣伝術へそのまま応用できますよ。すでに自民党はそういう研究進めているんじゃないかな。広告代理店の精鋭チームへアウトソーシングしてね。

集団的自衛権の行使容認や駆けつけ警護の肯定はしても、安倍政権が戦争をやりたがっているとは考えにくい。戦争を起こした政権への内外からの凄まじい風圧にあの政権が耐えられるとは思えませんから。安倍氏は憲法改正で名を残したいらしいですが、戦後最初の大量戦死者を出した首相として名を残すのは避けたいでしょう。そんな勇気も肝もないですよ。先進国の政治家はいま皆、臆病です。どこも少子化で厭戦的な国民ばかりですから。

**私は、安倍政権の「懐の深さ」とか、デモの声を聴く柔軟性などには全く期待しませんが、彼らの臆病さ、ダメさは信じています。**

　チャイナの軍事力を考慮しても、安保関連法を成立させねばならない緊急性は確かに乏しい。しかし、いま日本がアメリカのいいなりになる国家だというアピールにはなりますね。その抑止力へ賭ける政策判断は、まあ、ありでしょう。これまでそれでなんとかなってきたわけですし。

　反対に、いま日本がアメリカと距離を置くサインを出した場合、東アジアに軍事的空白が生じてパワーバランスが不安定となるかもしれない。**どちらがより日本を戦争へ近づけるのか、誰にもわからないのです。それでもどちらかを決断せざるを得ず、誤りだったら国民的怨嗟と国際的非難の矢面に立つ。それが政治家です。**その決断に反対し、のちに自分が間違っていたとわかっても、責任を問われることがないのが反戦リベラル。これほど楽なことはないのです。

　さらにいえばです。小規模の戦争のなんたるかを多少なりとも経験しておいたほうが、将来、大戦争へ加担するかもしれない本当の国家的分岐点が来たときに、より正しい判断ができるかもしれない。戦死者を出してまでそうした試行錯誤を体験しておくべきかといわれると、さすがにためらいますがね。

――しかし、いよいよアメリカが中東などへの自衛隊派兵を日本政府へ命じたら、逆らえないでしょう。

**浅羽**　事態がそこまで至ったら、安保関連法のあるなしにかかわらず日本政府は逆らえませんよ。超法規的措置なんてものもあるくらいですから。

そもそもですね、たとえ安倍政権でなくとも、いや民主党政権が続いていたとしても、対米追従路線という基本が変わらない以上、集団的自衛権行使容認も、原発再稼働も、決定せざるをえなかったでしょう。

とりあえず、ありあわせのカードで可もなく不可もなくやってゆく（筑波大教授だった阿部斉がかつて言ったように、政治とは基本的にそうしたものですが）ならば、それ以外の選択肢は見つからないのでは。仮に、可もなく不可もなくではなく、ハイリスク・ハイリターンな賭けを試みる覚悟があるのだったら、他の途もありましょう。AIIB積極参加などを手始めにアメリカ以外の複数の大国へ接近し、ポスト・パックス・アメリカーナ体制の先取りへ動き始めるとか。あるいは世界情勢がどう動こうとも自在に対応できるだけの独立実力国家構築とか。**いずれにしろ、核武装を含む自前の軍事力育成が、万一のための担保としてやはり必須となるでしょうけどね。**

しかし**いまの日本国民がそのような、火中の栗を拾い、身を捨てて浮かぶ瀬を得るごとき賭けを望むとはとても考えられない。**

**だとすれば、安全保障に限らず、内政においても、政治の選択肢は実のところほとんどないのです。**すなわち、民主党はもちろん、共産党政権ができても結局、似たようなところへしか流れつかない。

あえて何かあるとしたら、**累進課税制度の復活・強化**でしょう。世界に冠たるあの平等政策を、日本人は平成初めの一〇年をかけて骨抜きにしていった。とんでもない金持ち優遇です。それがようやく見直されはじめています。富裕高齢者への課税というかたちで。そこをより推進する。**累進課税と不動産中心の資産課税による格差是正**という選択肢ですね。

むろん、財界はもちろん、そこから余滴《トリクルダウン》を受けてる政官からの抵抗はものすごいでしょうけど。これをやってこそ、消費増税に対する国民の心からの理解も得られると考えますが。野党統一の政策軸はここしかないでしょう。

もし、これをも先取りしてしまうのならば、安倍政権は完璧です。

憲法改正くらいご祝儀として実現させてやっても、民百姓のためになる世の中を用意させられるのではないか。

**——お聞きしていると、あなたはリベラル派ではないし、多くの争点でリベラルと反対の立場を採るようです。それではなぜ、本書では基本的に、リベラルがどうすれば勝てるかという方向で議論を展開しているのですか。リベラルの敗北は、あなたにとってどちらかといえば喜ばしいはずでしょう。皮肉とか反語でしょうか。**

**浅羽**　そう取られる読者がいてもかまいません。

しかし、私は日本の知識人やメディアのなかでは、相当の勢力を保っているリベラル派が、「言葉への信頼」を腐らせている現状を指摘したいのです。

ですから、第二章では、リベラル反戦運動のオオカミ少年ぶりを指摘したところで、ソ連の侵略へ備えろなどと威《おど》してきた保守派も並べて批判しておきました。リベラルであれ保守であれ、言葉《ロゴス》の頽廃へ警鐘を打つ。冷笑的《クールな》知にできるのはこれくらいでしょう。吉田兼好、カール・クラウス、永井荷風、石川淳あるいは呉智英……、皆しかり。

リベラルであれ保守であれ、現体制を批判する人たちが政治勢力を名乗りながら、本気で勝って政治を担おうという気があるとは到底考えられない人たちばかりであるような状況は、やはり不健全ではないか。

そして、そうした不健全さが色濃く匂うのはやはりリベラルのほうではないでしょうか。

私は一〇年前、『右翼と左翼』という著で、『憲法を変えて戦争へ行こうという世の中にしないための18人の発言』『9条どうでしょう』『バリバリのハト派』『いまどきの「常識」』『憲法九条を世界遺産に』など、当時のリベラル系著者による書名を挙げて、「どれもこれも衒《てら》ったりおどけたり逆説を気取ったりと、どこか照れてためらいがちなおよび腰となっていますす。おそらく、自分たちの正義、理念を、とうに刷新しておくべき努力を怠け続けた結果、(中略)結局いつも後手に守勢に回ってばかりの現状をどこか自分たちでもわかってる顕れでしょう」とまとめました。今なら『リベラルじゃダメですか?』『ぼくらの民主主義なんだぜ』を加えてもよいかもしれません。

『SEALDs 民主主義ってこれだ!』が出るに到って、ようやく、『戦争論』『国家の品格』『国民の歴史』『嫌韓流』など保守派の正面きった押し出しのよさへ近づいた感がありますが、その内容はやはり負け組の言い訳と読めてしまう事情は、本文で既に論じました。

**——本書では、SEALDsの人たちの発言がかなり引用され批判されていますが、やはり若い世代の主張には疑問を感じますか。**

**浅羽**　いや、むしろ世代を感じさせない古さが目立ちます。自分の言葉で語っていると称える人が多いですが、どこがそうなのか私にはさっぱりわからない。ずっと昔からリベラルがしてきた思考や論法がそのまま顕れていたので、引用しやすかったまでです。もっとも、若さと才気ゆえの脇の甘さはけっこう見られました。そこへ突けこませてもらった。

共産党主導のロシア革命に批判的だった無政府主義者・大杉栄は、指導者の一人トロツキーの発言を重視していました。いい気になってつけあがった子どものようなところがあるトロツキーは、レーニンなど他の指導者がオブラートに包んでぼかすところを、正直にぶっちゃけてしまうからでした。ほかの党派とも共同戦線を組みたいとレーニンらが言うとき、諸党派をいまは利用するだけ利用してなどと口を滑らせてしまう。

SEALDsにもそういう愉快なところがあるので取り上げやすかった。二章で扱った「民主主義が終わったならまた始めよう」発言などはその典型ですね。

**――若い世代の政治的関心の盛り上がりにはそれ以上の関心はありませんか。**

**浅羽**　若いというのはこれから幾らでも変わり得るという意味ですからね。いま何か論評してもあまり意味はありません。SEALDsは今後、政策集団も創るそうですし。

本書では否定的に扱ったデモなども、興味があれば参加したり主催者になったりするのは大いにけっこうだと思います。若いうちは何事も経験ですから。

ただし、反対するのは冷笑の次くらいにたやすいことだと思うので、**若いうちしかできない地道な修業を要する己の実力**（語学とか資格とか軍事技術とか伝統技能とかの）**育成へ励んでいる若者とかのほうが将来、世の中を変えてゆく主力だとは思いますが。**某左翼詩人の美文をもじるならば、「朝はこわれやすいがらすだから、デモへ行くな、投票へ行くな、〈じぶん〉を創れ」といったところです。

チェルノブイリ原発事故の直後、危険を知りつつ駆けつけた技師が、重度の放射能障害で死の床についたとき、奥さんが泣きながら「なんで危険と知ってて行ったの」となじると、「でも俺が行かなければ、ウクライナとヨーロッパがなくなっていた」と答えたという美談があります。

このお話の肝は、この技師が一流の原子力専門家だったところです。「俺が行かなければ福島県はなくなっていた。行っても何もできずやはりなくなっていた」では、しゃれにもならない。何であれ、いま地道に実力を培っておいた者が、数十年後、いまとは比べ物にならない危機が訪れた日、蓄えに蓄えた戦闘値をもって登板する勇者となれるのではないですか。


**――それ、二五年まえから説いてませんか。**


**浅羽**　現実のルールはそう変わるものではありませんから。

オリジナリティが乏しい私の著書のなかでも、本書はこれまで以上にすでに誰かが言った批判がほとんどです。ネット言説と親しんでいる人には何をいまさらと思われることでしょう。

殊に清義明氏のブログでの論考「国会議事堂前の「敗北主義」――最後に笑うものが最

もよく笑う」とか「優しい左派リベラルのための「憲法改正」のすすめ――心情倫理は抱きしめて」とかはよく読まれており、本書はすべてこれらのパクリではないかと考える方も多いかもしれません。思えば、一貫した反差別の闘将とお見受けする清氏と、「差別もある楽しい社会」を理想と掲げる広義のレイシストである浅羽通明とが、きわめて似た論考を発表した結果となったのは興味深いです。

パクリ疑惑を言い立てる方へ一言しておくならば、『天皇・反戦・日本』（幻冬舎）という二〇〇七年刊行の私の著書を参照していただきたい。ロシアン・ルーレット計画も、大東亜戦争ばかりを持ち出す反戦運動の不毛も、立憲主義の新解釈もみな、大部数出していただいたが全く売れなかったこの著に書いてあります。詳しく知りたい方はこちらもぜひご併読くださいです。一章二章のエッセンスも、イラク戦争反対デモについての論評として載っています。あのときも朝日新聞は、若者や普通の人が気楽に参加しやすくなった新しいデモを称えていたんですね。昨今の最先端は、「創られた新しさ」ばかり。本当に何もかもが、けろりと忘れられてもう一度！でループしてるらしい。

デモに関しては、文化として評価とか楽しければいいといった言説を本書で批判しましたが、もしも、デモは一種の宗教儀礼だから効果は考えずともいいと開き直られたら、違う局面が開けてきます。私もちょっと批判できなくなるばかりでなく、原発や戦争を最も根底から撃つ思想的営みさえ生まれる可能性がある。しかし、その時は、一七四ページで指摘したように、本格的儀礼は供儀を伴う恐ろしいものだという自覚は必要ですが。

なぜかを知りたかったら『天皇・反戦・日本』をぜひ！

沖縄キューバ化構想は、那覇市の私立大学での講演をもとに個人ニューズレター〝流行神〟（二〇〇八年五月no.220－no.222）へ発表したものが原型です。

この〝流行神〟は、現在発行を休止しております。しかし、長年、個人ニューズレターなどを通じて読者との直接取り引きを試みてきた著者のスタンスは変わってはいません。

本書も、浅羽通明のそうした活動、読者からのリアクションへ可能なかぎり応じつつ、読者との協働を通して、著作をさらに生育し完成させてゆく企ての一環にほかなりません。

そこでお願い。政治的パンフレットという性格上、ページ数を無用に増やさぬようにという版元からの厳命ゆえ、本書から断腸の思いで削除した数十枚の原稿があります。

安保関連法反対の動きのなかで、しばしば語られた「立憲主義」へ、誰もが避けてきたタブーを超え真に根源的な考察の光を当てた五つの思想コラムがその中心です。モンテスキュー『法の精神』から木村草太『憲法学再入門』までの思索を援用しながら、「日本国憲法は庶民向け顕教に過ぎない」など、本当は怖ろしい憲法アーキテクチュアの裏側まであなたをご案内する、ほかでは絶対読めない密教的思想談義です。

本書を補完するそれら原稿をお読みくださるという方は、①氏名②電話番号③PDFが受信できるメールアドレス④「リベラル本削除コラム希望」を明記のうえ、左記までメールをくださいませ。すみやかにPDFを送付いたします。

asabami@piko.to

電子書籍形態のみで直販しております浅羽の前著『「おたく」・職能・世間――稲葉ほたて氏、宇野常寛氏を駁す』購読を希望される方も、①氏名②電話番号③PDF受信可能なメールアドレス④電子書籍希望と明記の上、右アドレスまでメール下さい。折り返し申込方法を返信いたしますほか、スクールマーケット社主宰で続けてきたライブ講義「浅羽通明辻説法」ほかイベントの案内も通知させていただきます。

なお、郵便による連絡は下記までよろしく。

一七〇-〇〇〇二 東京都豊島区巣鴨一-一九-七-一三〇四 浅羽方 みえない大学本舗

最後となりましたが、『野望としての教養』以来一五年ぶりに、浅羽本編集という難行を完遂して下さった筑摩書房の石島裕之氏と多忙の中、著者近影のお願いを快諾下さったフォトグラファー・裕木奈江氏に心から深謝して結びといたします。

ちくま新書
1168

「反戦《はんせん》・脱原発《だつげんぱつ》リベラル」は
なぜ敗北《はいぼく》するのか

二〇一六年二月一〇日　第一刷発行

著　者　浅羽通明（あさば・みちあき）
発行者　山野浩一
発行所　株式会社　筑摩書房
東京都台東区蔵前二-五-三　郵便番号一一一-八七五五
振替〇〇一六〇-八-四一二三
装幀者　間村俊一
印刷・製本　三松堂印刷　株式会社



乱丁・落丁本の場合は、左記宛にご送付ください。
送料小社負担でお取り替えいたします。
ご注文・お問い合わせも左記へお願いいたします。
〒三三一-八五〇七　さいたま市北区櫛引町二-六〇四
筑摩書房サービスセンター　電話〇四八-六五一-〇〇五三



ISBN978-4-480-06883-5 C0231

## ちくま新書

1119
近代政治哲学
——自然・主権・行政
國分功一郎
今日の政治体制は、近代政治哲学が構想したものだ。ならば、その基本概念を検討することで、いまの民主主義体制が抱える欠点も把握できるはず！　渾身の書き下し。

474
アナーキズム
——名著でたどる日本思想入門
浅羽通明
大杉栄、竹中労から松本零士、笠井潔まで十冊の名著をたどりながら、日本のアナーキズムの潮流を俯瞰する。常に若者を魅了したこの思想の現在的意味を考える。

532
靖国問題
高橋哲哉
戦後六十年を経て、なお問題でありつづける「靖国」を、具体的な歴史の場から見直し、それが「国家」の装置としていかなる役割を担ってきたのかを明らかにする。

1039
社会契約論
——ホッブズ、ヒューム、ルソー、ロールズ
重田園江
この社会の起源には何があったのか。ホッブズ、ヒューム、ルソー、ロールズの議論を精密かつ大胆に読みなおし、近代の中心的思想を今に蘇らせる清冽な入門書！

1000
生権力の思想
——事件から読み解く現代社会の転換
大澤真幸
我々の生を取り巻く不可視の権力のメカニズムとはいかなるものか。ユダヤ人虐殺やオウム、宮崎勤の犯罪など象徴的事象から、現代における知の転換を読み解く。

1146
戦後入門
加藤典洋
日本はなぜ「戦後」を終わらせられないのか。その核心にある「対米従属」「ねじれ」の問題の起源を世界戦争に探り、憲法九条の平和原則の強化による打開案を示す。

457
昭和史の決定的瞬間
坂野潤治
日中戦争は軍国主義の後ではなく、改革の途中で始まった。生活改善の要求は、なぜ反戦の意思と結びつかなかったのか。日本の運命を変えた二年間の真相を追う。

## ちくま新書

650
未完の明治維新
坂野潤治
明治維新は〈富国・強兵・立憲主義・議会論〉の四つの目標が交錯した「武士の革命」だった。それは、どう実現されたのだろうか。史料で読みとく明治維新の新たな実像。

702
ヤクザと日本
――近代の無頼
宮崎学
下層社会の人々が生きんがために集まり生じた近代ヤクザ。格差と貧困が社会に亀裂を走らせているいま、ヤクザの歴史が教えるものとは？

846
日本のナショナリズム
松本健一
戦前日本のナショナリズムはどこで道を誤ったのか。なぜ東アジアは今も一つになれないのか。近代の精神史の中に、国家間の軋轢を乗り越える思想の可能性を探る。

085
日本人はなぜ無宗教なのか
阿満利麿
日本人には神仏とともに生きた長い伝統がある。それなのになぜ現代人は無宗教を標榜し、特定宗派を怖れるのだろうか？　あらためて宗教の意味を問いなおす。

465
憲法と平和を問いなおす
長谷部恭男
情緒論に陥りがちな改憲論議と冷静に向きあうには、そもそも何のための憲法かを問う視点が欠かせない。この国のかたちを決する大問題を考え抜く手がかりを示す。

655
政治学の名著30
佐々木毅
古代から現代まで、著者がその政治観を形成する上でたえず傍らにあった名著の数々。選ばれた30冊は混迷を深める時代にこそますます重みを持ち、輝きを放つ。

1033
平和構築入門
――その思想と方法を問いなおす
篠田英朗
平和はいかにしてつくられるものなのか。武力介入や犯罪処罰、開発援助、人命救助など、その実際的手法と背景にある思想をわかりやすく解説する、必読の入門書。

# ちくま新書

659
現代の貧困
――ワーキングプア／ホームレス／生活保護
岩田正美
貧困は人々の人格も、家族も、希望も、やすやすと打ち砕く。この国で今、そうした貧困に苦しむのは「不利な人々」ばかりだ。なぜ？　処方箋は？　をトータルに描く。

772
学歴分断社会
吉川徹
格差問題を生む主たる原因は学歴にある。そして今、日本社会は大卒か非大卒かに分断されてきた。そのメカニズムを解明し、問題点を指摘し、今後を展望する。

914
創造的福祉社会
――「成長」後の社会構想と人間・地域・価値
広井良典
経済成長を追求する時代は終焉を迎えた。「平等と持続可能性と効率性」の関係はどう再定義されるべきか。日本再生の社会像を、理念と政策とを結びつけ構想する。

923
原発と権力
――戦後から辿る支配者の系譜
山岡淳一郎
戦後日本の権力者を語る際、欠かすことができない原子力。なぜ、彼らはそれに夢を託し、推進していったのか。忘れ去られていた歴史の暗部を解き明かす一冊。

939
タブーの正体！
――マスコミが「あのこと」に触れない理由
川端幹人
電力会社から人気タレント、皇室タブーまで、マスコミ各社が過剰な自己規制に走ってしまうのはなぜか？『噂の眞相』元副編集長がそのメカニズムに鋭く迫る！

941
限界集落の真実
――過疎の村は消えるか？
山下祐介
「限界集落はどこも消滅寸前」は嘘である。危機を煽り立てるだけの報道や、カネによる解決に終始する政府の過疎対策の誤りを正し、真の地域再生とは何かを考える。

971
夢の原子力
――Atoms for Dream
吉見俊哉
戦後日本は、どのように原子力を受け入れたのか。核戦争の「恐怖」から成長の「希望」へと転換する軌跡を、緻密な歴史分析から、ダイナミックに抉り出す。

## ちくま新書

**1078 日本劣化論**
笠井潔
白井聡
幼稚化した保守、アメリカと天皇、反知性主義の台頭、左右の迷走、日中衝突の末路……。戦後日本は一体どこまで堕ちていくのか？　安易な議論に与せず徹底討論。

**1159 がちナショナリズム**
――「愛国者」たちの不安の正体
香山リカ
2002年、著者は『ぷちナショナリズム症候群』で「愛国ごっこ」に警鐘を鳴らした。あれから13年、安倍内閣、ネトウヨ、安保法改正――日本に何が起きている？

**628 ダメな議論**
――論理思考で見抜く
飯田泰之
国民的「常識」の中にも、根拠のない〝ダメ議論〟が紛れ込んでいる。そうした、人をその気にさせる怪しい議論をどう見抜くか。その方法を分かりやすく伝授する。

**751 サバイバル！**
――人はズルなしで生きられるのか
服部文祥
岩魚を釣り、焚き火で調理し、月の下で眠る……。「素のままで山を登る」クライマーは極限で何を思うのか？　生きることを命がけで考えた山岳ノンフィクション。

**020 ウィトゲンシュタイン入門**
永井均
天才哲学者が生涯を賭けて問いつづけた「語りえないもの」とは何か。写像・文法・言語ゲームと展開する特異な思想に迫り、哲学することの妙技と魅力を伝える。

**200 レヴィナス入門**
熊野純彦
フッサールとハイデガーに学びながらも、ユダヤの伝統を継承し独自の哲学を展開したレヴィナス。収容所体験から紡ぎだされた強靭で繊細な思考をたどる初の入門書。

**533 マルクス入門**
今村仁司
社会主義国家が崩壊し、マルクス主義が後退した今、マルクスを読みなおす意義は何か？　既存のマルクス像からはじめて自由になり、新しい可能性を見出す入門書。

666
高校生のための哲学入門
長谷川宏
どんなふうにして私たちの社会はここまできたのか。「知」の在り処はどこか。ヘーゲルの翻訳で知られる著者が、自身の思考の軌跡を踏まえて書き下ろす待望の書。

776
ドゥルーズ入門
檜垣立哉
没後十年以上を経てますます注視されるドゥルーズ。哲学史的な文脈と思想的変遷を踏まえ、その豊かなイマージュと論理を読む。来るべき思想の羅針盤となる一冊。

832
わかりやすいはわかりにくい？
——臨床哲学講座
鷲田清一
人はなぜわかりやすい論理に流され、思い通りにゆかず苛立つのか——常識とは異なる角度から哲学的に物事を見る方法をレッスンし、自らの言葉で考える力を養う。

967
功利主義入門
——はじめての倫理学
児玉聡
「よりよい生き方のために常識やルールをきちんと考えなおす」技術としての倫理学において「功利主義」は最有力のツールである。自分で考える人のための入門書。

1060
哲学入門
戸田山和久
言葉の意味とは何か。私たちは自由意志をもつのか。人生に意味はあるか……こうした哲学の中心問題を科学が明らかにした世界像の中で考え抜く、常識破りの入門書。

1165
プラグマティズム入門
伊藤邦武
これからの世界を動かす思想として、いま最も注目されるプラグマティズム。アメリカにおけるその誕生から最新の研究動向まで、全貌を明らかにする入門書決定版。

623
1968年
絓《すが》秀実
フェミニズム、核家族化、自分さがし、地方の喪失などに刻印された現代社会は「1968年」によって生まれた。戦後日本の分岐点となった激しい一年の正体に迫る。